은혜로 드리는 대표기도문

은혜로 드리는 대표기도문

초판 1쇄 인쇄 | 2025년 9월 30일
초판 1쇄 발행 | 2025년 9월 30일
지은이 | 정신일
펴낸이 | 박미옥
펴낸곳 | 맑은하늘
편　집 | 홍소희
교　정 | 성주희
등　록 | 제679-30-00201호(2016. 8. 11)
주　소 | 부천시 성주로 96번지 제일빌딩 6층
전　화 | (032) 342-1979
팩　스 | (032) 343-3567
도서 출간 상담 | E-mail:chmbit@hanmail.net
Homepage | cjesus.co.kr

ISBN : 979-11-88790-23-4 (03230)

정가 : 8,500원

은혜로 드리는
대표기도문

정신일 목사

"너희가 내 이름으로 무엇을 구하든지 내가 행하리니
이는 아버지로 하여금 아들로 말미암아 영광을 받으시게 하려 함이라.
내 이름으로 무엇이든지 내게 구하면 내가 행하리라."(요14:13~14)

맑은하늘

기도의 자리에 부름받은 거룩한 동역자에게,

예배드리는 순서 중에 대표기도자로 선다는 것은 영광스러운 특권입니다. 하나님 아버지께 나아가는 거룩한 순간이며, 땅의 언어로 하늘의 보좌를 움직이는 경이로운 사역입니다. 이 책은 단순히 따라 읽기 위한 '대본'이 아닙니다. 오히려 기도의 망망대해를 항해하는 이들을 위한 '나침반'이자, 기도의 언어를 더욱 풍성하게 빚어가도록 돕는 '도구'이며, 때로는 기도의 실마리를 찾지 못해 막막할 때 기댈 수 있는 '동역자'가 되고자 합니다.

기도는 무엇일까요? 성경이 우리에게 가르쳐 주는 기도의 본질은 바로 '관계'이며 '대화'입니다. 그것은 창조주이신 하나님을 향한 피조물의 경배이며, 아버지 되신 그분께 나아가는 자녀의 친밀한 교제입니다. 그러므로 기도는 영혼의 호흡과 같아서, 기도가 멈추면 우리의 영은 질식하고 하나님과의 생생한 관계는 희미해질 수밖에 없습니다.

어떤 마음으로 기도해야 할까요?

찬양 (Praise) : 우리의 필요를 아뢰기 전에, 먼저 그분이 어떤 분이신지를 인정하고 경배하는 것은 기도의 문을 여는 가장 아름다운 열쇠입니다.

회개 (Confession) : 자복하고 회개하는 깨끗한 마음으로 나아갈 때, 우리의 기도는 막힘없이 하늘 보좌에 상달될 것입니다.

감사 (Thanksgiving) : 감사는 우리의 시선을 문제에서 하나님께로 옮겨주며, 믿음을 더욱 견고하게 세워 줍니다. 감사함으로 기도하시기 바랍니다.

4. 간구 (Supplication) : 우리의 필요와 이웃, 교회, 나라와 열방을 위한 중보의 제목들을 겸손히 아뢰는 것입니다. "아무 것도 염려하지 말고 다만 모든 일에 기도와 간구로, 너희 구할 것을 감사함으로 하나님께 아뢰라" (빌립보서 4:6) 하신 말씀처럼, 우리는 모든 것을 주님께 맡겨드릴 수 있습니다.

기도의 자리, 어떤 자세로 서야 할까요?

1. 겸손의 자세 : 화려한 미사여구나 유창한 언변을 뽐내는 자리가 아니라, 온 성도들을 대신하여 하나님의 긍휼과 자비를 구하는 겸손한 마음으로 엎드려야 합니다.

2. 진실함의 자세 : 상투적인 표현이나 공허한 말을 반복하기보다, 마음에서 우러나오는 진솔한 언어로 기도해야 합니다.

3. 공동체 의식 : 대표기도는 '나'의 기도가 아닌 '우리'의 기도입니다. 기도자는 한 주간 성도들의 삶 속에 있었던 아픔과 슬픔, 기쁨과 감사의 제목들을 마음으로 품어야 합니다. '우리'라는 단어 안에 공동체의 모든 지체를 담아, 그들의 마음을 대변하여 하나님께 아뢰는 마음이 필요합니다.

모쪼록 은혜로운 예배에 마음의 간절함으로 준비하셔서 은혜 넘치는 기도가 되길 소망합니다.

주님의 은혜를 갈망하며 정신일 목사 드림

목차

2. 은혜로 드리는 **주중 예배 대표기도문**

은혜로 드리는 **월별 주일 예배**

대표기도문

새로운 시작, 영원한 은혜를 향한 첫걸음

"여호와께서 그 왕에게 큰 구원을 주시며 기름 부음 받은 자에게 인자를 베푸심이여 영원토록 다윗과 그 후손에게로다" (시편 18:50)

감사와 찬양 시간과 역사의 주관자이시며, 영원 속에서 모든 것을 다스리시는 사랑과 은혜의 하나님 아버지. 희망 가득한 새해의 첫 주일, 첫 시간을 구별하여 주님 앞에 나아와 예배하게 하시니 감사를 드립니다.

지나온 모든 순간이 주님의 은혜였음을 고백합니다. 때로는 넘어지고 때로는 연약하여 주님의 마음을 아프게 해 드렸던 저희의 허물 많은 인생길에도 변함없는 사랑으로 동행하여 주셨음에 감사드립니다. 무엇보다 죄로 인해 영원히 죽을 수밖에 없던 저희를 위해 친히 십자가에 달려 보배 피를 흘리사, 새 생명과 영원한 소망을 허락하신 그 놀라운 은혜를 어찌 말로 다 표현할 수 있겠나이까. 오늘 이 시간, 저희의 온 마음과 정성을 다한 예배를 기쁘게 흠향하여 주시옵소서.

회개와 고백 자비의 하나님, 새해를 맞이하며 저희의 지난 삶을 돌아봅니다. 주님의 뜻을 알면서도 세상의 가치관을 좇아 살았고, 입술로는 사랑을 고백하면서도 마음에는 미움과 시기를 품었으며, 주님의 자녀라 불리면서도 거룩한 삶의 향기를 드러내지 못했던 저희의 교만과 나태함을 용서하여 주시옵소서. 주님의 보혈로 저희를 정결하게 하사, 정결한 마음으로 새

해의 첫걸음을 내딛게 하옵소서.

간구와 중보　간구하옵기는 이 시간, 교회를 위해 기도합니다. 저희 교회가 이 지역 사회에 빛과 소망이 되게 하시고, 상처 입은 영혼들이 찾아와 참된 위로와 안식을 얻는 영적 방주가 되게 하여 주시옵소서. 보이지 않는 곳에서 묵묵히 헌신하는 손길들을 기억하여 주시고, 성가대의 찬양과 각 부서의 섬김, 예배를 위해 수고하는 모든 지체들에게 하늘의 신령한 복과 땅의 기름진 복으로 채워주시옵소서. 그들의 섬김이 기쁨이 되게 하시고, 지치지 않는 새 힘을 더하여 주시옵소서. 무엇보다 단 위에 세우신 목사님을 성령의 능력으로 붙들어 주시기를 간절히 원합니다. 오늘 선포되는 말씀이 살아 운동력 있는 검이 되어, 저희의 굳은 마음을 쪼개고 상한 심령을 싸매어 고치며, 새해를 살아갈 지혜와 방향을 깨닫게 하는 생명의 말씀이 되게 하여 주옵소서. 말씀을 듣는 저희에게는 열린 마음과 들을 수 있는 귀를 허락하사, '아멘'으로 화답하며 그 말씀대로 살아내는 복된 성도들이 되게 하여 주시옵소서.

결단과 소망　이제 저희는 소망 가운데 새해 첫발을 내딛습니다. 지난날의 실패와 아쉬움에 얽매이지 않게 하시고, 오직 우리를 위해 예비하신 하늘의 복을 바라보며 믿음의 경주를 힘차게 달려가게 하옵소서. 우리의 계획이 아닌 주님의 계획이, 우리의 뜻이 아닌 주님의 뜻이 우리의 삶을 통해 온전히 이루어지는 복된 한 해가 되게 하여 주시옵소서. 예수 그리스도의 이름으로 기도드렸습니다. 아멘.

꿀보다 단 말씀, 새로워지는 우리 영혼

"여호와를 경외하는 도는 정결하여 영원까지 이르고 여호와의 법도 진실하여 다 의로우니 금 곧 많은 순금보다 더 사모할 것이며 꿀과 송이꿀보다 더 달도다" (시편 19:9-10)

감사와 찬양 온 우주 만물을 말씀으로 창조하시고, 지금도 진리의 말씀으로 저희의 삶을 다스리시는 하나님 아버지. 꿀과 송이꿀보다 더 단 주님의 말씀을 맛보게 하시고, 순금보다 더 귀한 믿음을 선물로 주신 그 크신 사랑에 저희의 영혼 깊은 곳에서부터 우러나오는 찬양을 올려드립니다. 저희의 찬양과 경배를 홀로 받아주시옵소서.

회개와 고백 사랑의 주님, 주님의 말씀을 삶의 등불로 삼기보다, 세상의 지식과 저의 경험을 의지하여 살아왔음을 고백합니다. 세상의 빛과 소금으로 살아가기보다, 오히려 세상의 맛과 빛에 취하여 주님의 자녀다운 향기를 잃어버렸음을 고백합니다. 내 이름과 내 만족을 쌓아 올리기에 분주했으며, 이웃의 아픔을 외면하고 사랑을 베푸는 일에 인색했던 저희의 이기심과 무정함을 용서하여 주시옵소서. 이 시간, 상한 심령으로 주님 앞에 모든 죄를 내려놓고 눈물로 회개하오니, 주님의 보혈로 저희의 영혼을 눈보다 더 희게 씻어주시옵소서.

14

간구와 중보 긍휼의 하나님, 이 시간 저희 교회를 위하여 기도합니다. 이 제단이 말씀의 반석 위에 굳건히 서게 하시고, 진리의 기둥으로 가득 채워지는 교회가 되게 하여 주시옵소서. 예배의 자리를 위해 기쁨으로 헌신하는 모든 손길들을 축복하여 주옵소서. 찬양대의 찬양을 통해 하늘의 문이 열리게 하시고, 안내와 섬김의 손길들을 통해 주님의 따스한 사랑이 흘러가게 하옵소서. 섬기는 이들이 먼저 주님을 깊이 만나는 은혜를 누리게 하시고, 그들의 헌신이 주님 앞에 향기로운 제물이 되게 하여 주시옵소서. 특별히 단 위에 세우신 목사님을 성령의 권능으로 붙들어 주시기를 간절히 기도합니다. 선포하시는 말씀이 사람의 지혜나 언변이 아닌, 오직 성령의 감동하심으로 전해지는 생명의 양식이 되게 하여 주시옵소서. 그 말씀을 통하여 저희의 메마른 심령에 은혜의 단비가 내리게 하시고, 무너진 마음의 성벽이 재건되며, 새해를 살아갈 하늘의 지혜와 용기를 얻는 귀한 시간이 되게 하여 주옵소서.

결단과 소망 "오직 심령이 새롭게 되어 하나님을 따라 의와 진리의 거룩함으로 지으심을 받은 새사람을 입으라" 하신 주님의 말씀을 붙잡습니다. 세상의 낡은 옷을 벗어 버리고, 주님께서 지으신 의와 진리의 새 옷을 덧입는 한 해가 되기를 소망합니다. 저희의 생각과 언어, 그리고 삶의 모든 영역이 날마다 주님의 말씀으로 새로워지게 하여 주시옵소서. 그리하여 저희 교회의 모든 성도들이 영혼이 잘됨 같이 범사가 잘되고 강건해지는 복을 누리게 하시고, 우리의 건강과 형통함이 곧 하나님의 살아계심을 증거하는 거룩한 통로가 되게 하여 주시옵소서. 예수 그리스도의 이름으로 기도드렸습니다. 아멘.

나의 힘, 나의 노래, 나의 구원이신 주님을 높이며

"여호와는 나의 힘이요 노래시며 나의 구원이시로다 그는 나의 하나님이시니 내가 그를 찬송할 것이요 내 아버지의 하나님이시니 내가 그를 높이리로다" (출애굽기 15:2)

감사와 찬양 구원의 하나님, 오늘도 죄악의 깊은 바다에서 저희를 건져주시고 자유케 하시는 아버지의 그 놀라운 사랑을 찬양합니다. 절망 속에서 신음하던 저희에게 찾아오사 친히 우리의 힘이 되어 주시고, 슬픔의 탄식을 기쁨의 노래로 바꾸어 주시며, 영원한 멸망에서 영생의 길로 인도하시는 구원의 주님을 높여드립니다. 저희의 삶이 주님을 찬송하는 악기가 되게 하시고, 저희의 호흡이 아버지를 높이는 고백이 되게 하여 주시옵소서. 이 시간, 신령과 진정으로 드리는 저희의 예배를 받아 주시옵소서.

회개와 고백 그러나 주님, 저희는 '여호와는 나의 힘'이라 고백하면서도 여전히 세상을 의지하며 살았음을 이 시간 통회하며 자백합니다. 세상의 작은 이익과 썩어질 안락함을 잃을까 두려워, 영원한 주님의 약속을 가벼이 여겼습니다. '주님은 나의 노래'라 찬양하면서도, 세상의 즐거움을 좇아 불의와 타협하고 죄의 유혹에 자신을 내어주었습니다. 거룩한 백성의 정체성을 잊은 채, 죄를 짓고도 합리화하기에 급급했던 저희의 위선과 어리석음을 용서하여 주시옵소서.

간구와 중보 오늘 저희가 드리는 이 예배가 살아계신 하나님께 온전히 올려드리는 영광의 제사가 되기를 원합니다. 저희의 작은 입술로 위대하신 하나님을 찬송할 때, 하늘의 문을 여시고 이곳에 주님의 임재로 가득 채워 주시옵소서.

생명의 말씀을 대언하시는 목사님 위에 성령의 기름을 부어주시고, 그 입술에 권세와 능력을 더하여 주시옵소서. 선포되는 말씀이 잠자는 저희의 영혼을 깨우는 우레가 되게 하시고, 굳어버린 마음을 부수는 망치가 되며, 어두운 인생길을 밝히는 등불이 되게 하여 주옵소서.

주님을 찬양하는 성가대를 위해 기도합니다. 그들의 목소리가 단순한 소리의 울림이 아니라, 영혼 깊은 곳에서 올려드리는 기도가 되게 하시고 신앙의 고백이 되게 하여 주옵소서. 아름다운 화음 속에 주님의 거룩하심을 드러내게 하시고, 온 성도들이 그 찬양을 통해 하나님의 임재를 더욱 깊이 경험하는 은혜를 허락하여 주시옵소서.

또한, 교회의 각 지체로서 선한 일을 위해 부름받은 제직들과 모든 봉사자들을 기억하여 주옵소서. 맡겨주신 직분을 기쁨으로 감당하게 하시고, 교회를 세우고 목회자를 도우며 성도를 섬기는 일에 사랑으로 앞장서는 복된 종들이 다 되게 하여 주시옵소서.

결단과 소망 이제는 저희의 힘이 아닌 주님의 힘으로 살아가길 원합니다. 저희의 기쁨이 아닌 주님을 노래하는 것으로 기뻐하길 원합니다. 저희의 의가 아닌 오직 주님의 구원만을 자랑하는 복된 인생이 되게 하여 주시옵소서. 예수 그리스도의 이름으로 기도드렸습니다. 아멘.

세상 속으로 보냄 받은 교회,
평강의 사명을 감당하게 하소서

"예수께서 또 이르시되 너희에게 평강이 있을지어다 아버지께서 나를 보내신 것 같이 나도 너희를 보내노라" (요한복음 20:21)

감사와 찬양 죽음의 권세를 이기시고 부활하신 사랑의 주님. 동일한 음성으로 오늘 저희에게도 찾아오사 세상이 줄 수 없는 하늘의 평강을 부어주시니 감사드립니다. 아버지께서 주님을 세상에 보내신 것 같이, 연약하고 부족한 저희를 믿으시고 다시 세상 속으로 보내시는 그 위대한 사명의 동역자로 불러주시니 그 은혜에 감사와 영광을 올려드립니다. 오늘 이 예배가 주님의 영광을 선포하는 거룩한 시간이 되게 하시고, 세상으로 나아갈 힘과 지혜를 얻는 복된 시간이 되게 하여 주시옵소서.

회개와 고백 자비로우신 하나님, 주님의 거룩한 말씀 앞에 저희의 지난 삶을 내려놓습니다. 주님께서는 저희를 세상으로 보내셨건만, 저희는 세상에 속하여 세상의 가치를 따라 살았음을 고백합니다. 평강의 복음을 전하라 하셨건만, 저희 마음속에 세상의 염려와 다툼을 품고 살았습니다. 예배당 문을 나서는 순간, 주님과 동행하겠다는 약속은 잊어버리고 죄악 된 옛 습관을 따라 걸었던 저희의 연약한 발걸음을 용서하여 주시옵소서. 이 시간, 교만했던 자아를 주님의 십자가 앞에 무릎 꿇게 하시고, 강퍅했던 마음이 주님의 사랑 앞에 녹아지게 하여 주시옵소서. 성령의 생수로 저희의 더러운 죄를 씻어 주시고, 성령의 불로 저희 안의 모든 불순물을 태우사 정결한 마음으로 주님 앞에 서게 하여 주옵소서.

간구와 중보 이 시간, 저희 교회를 위하여 기도합니다. 모이기를 힘쓰고 세상으로 흩어져 복음을 전하는 선교적 교회가 되게 하여 주시옵소서.

특별히 이 사명을 위해 단 위에 세우신 목사님을 기억하여 주옵소서. 선포하시는 말씀에 진리의 빛과 은총의 향기를 더하여 주셔서, 그 말씀을 듣는 모든 성도들이 삶의 방향을 찾고 다시 일어설 용기를 얻게 하여 주시옵소서. 또한, 주님의 몸 된 교회를 위해 겸손히 헌신하는 모든 손길들을 축복하여 주옵소서. 그들의 섬김이 멜로디가 되어 교회가 아름다운 사랑의 교향곡을 연주하게 하시고, 그들의 땀방울이 주님께서 기쁘게 받으시는 향기로운 제물이 되게 하여 주시옵소서. 혹여 육신의 질병과 마음의 아픔으로 고통받는 성도들이 있습니까? 치료의 하나님, 그들을 긍휼히 여겨 주사 주의 권능의 손으로 안수하여 주시옵소서. 모든 아픔과 상처가 떠나가게 하시고, 그들의 병상과 고통의 자리가 오히려 살아계신 하나님의 영광을 선포하는 간증의 자리가 되게 하여 주시옵소서.

결단과 소망 이제 저희는 다시 주님의 보내심을 받아 세상으로 나아갑니다. 주님 다시 오시는 그날까지, 넓은 길이 아닌 좁은 길을 택하며 이 믿음의 경주를 완주하게 하옵소서. 저희의 삶을 통해 이 땅에 하나님의 나라가 임하며, 저희가 머무는 모든 곳에 주님의 평강이 흘러넘치게 하여 주시옵소서. 예수 그리스도의 이름으로 기도드렸습니다. 아멘.

나를 충성되이 여겨주신 은혜에 감사하며

"나를 능하게 하신 그리스도 예수 우리 주께 내가 감사함은 나를 충성되이 여겨 내게 직분을 맡기심이니" (디모데전서 1:12)

감사와 찬양 사랑의 하나님. 죄와 허물로 죽었던 저희를 십자가 보혈로 구원하여 주시고, 감히 하나님의 자녀라 불리게 하시니 그저 감사할 따름입니다. 그런데 주님, 어찌하여 흙과 같은 저희를 보배롭다 하시며, 죄인이었던 저희를 충성되이 여겨 주님의 귀한 직분을 맡겨주셨나이까. 저희를 능하게 하시고 주님의 일꾼으로 사용하여 주시는 그 놀랍고 측량할 수 없는 은혜에 감사와 찬송을 올려드립니다. 오늘 이 예배가 주님의 그 부르심에 대한 저희의 사랑과 감사의 고백이 되게 하여 주시옵소서.

회개와 고백 그러나 자비의 주님, 저희는 주님께서 맡겨주신 그 거룩한 직분을 감당하기에 너무나도 부족했음을 고백합니다. 주님은 저희를 충성된 빛의 자녀로 삼으셨건만, 저희는 세상의 불의를 보고도 침묵하며 어둠과 타협할 때가 많았습니다. 주님의 신실한 일꾼으로 불러주셨건만, 저희는 주님의 일을 먼저 찾기보다 세상의 분주함에 빠져 허덕였습니다. 입술로는 주님을 따른다 하면서도 마음은 세상의 염려로 가득했고, 손과 발은 주님의 영광이 아닌 나의 만족을 위해 움직였음을 용서하여 주시옵소서. 이 시간, 진정으로 통회하며 자백하오니, 저희의 교만과 나태, 불충을 용서하시고 다시 한번 주님의 은혜로 바로 서게 하여 주시옵소서.

간구와 중보 오늘 이 예배가 주님의 영광으로 가득한 시간이 되기를 원합니다. 예배의 각 순서를 맡아 섬기는 종들에게 하늘의 은혜를 더하여 주시옵소서. 그들의 헌신적인 섬김을 통해 예배가 더욱 경건하고 질서 있게 드려지게 하시고, 온 성도들이 하나님의 임재를 깊이 경험하는 영광의 자리가 되게 하옵소서.

특별히 생명의 말씀을 증거하시는 목사님을 권능의 팔로 붙들어 주시옵소서. 선포되는 말씀이 살아 운동력이 있어, 저희의 심령과 골수를 쪼개게 하시고, 저희를 향한 하나님의 뜻이 무엇인지 명확히 깨닫게 하여 주시옵소서. '아멘'으로 화답하며 그 말씀을 삶으로 살아내기로 결단하는 은혜를 모든 성도에게 허락하여 주옵소서. 주님의 피로 새사람이 된 저희가 다시는 죄에게 종노릇하던 옛사람의 모습으로 돌아가지 않도록, 날마다 말씀으로 저희를 지켜 주시옵소서.

결단과 소망 이제 저희 각자에게 맡겨주신 사명을 다시금 마음에 새깁니다. 매서운 눈보라 속에서도 대지의 생명들이 조용히 움을 틔우듯, 저희 또한 각자에게 주신 은사와 직분을 따라 충성을 다하게 하여 주시옵소서. 그리하여 어떠한 시련과 고난이 닥쳐와도 믿음으로 넉넉히 이기게 하시고, 저희의 충성된 삶을 통해 이 땅에 하나님의 살아계심을 증거하는 복된 인생들이 다 되게 하여 주시옵소서. 예수 그리스도의 이름으로 기도드렸습니다. 아멘.

부르심의 소망을 따라, 흔들리지 않는 믿음으로

"그러므로 형제들아 더욱 힘써 너희 부르심과 택하심을 굳게 하라 너희가 이것을 행한
즉 언제든지 실족하지 아니하리라" (베드로후서 1:10)

감사와 찬양 빛으로 인도하신 하나님. 은혜로 저희를 택하여 주님의 자녀
삼아주시고, 영원한 생명의 소망을 허락하시니 그 크신 사랑에 감사와 찬
송을 올려드립니다. 온 우주의 창조주께서 저희 한 사람 한 사람을 친히 불
러주셨다는 그 감격 하나만으로도 저희는 족하오니, 오늘 드리는 이 예배
가 저희의 부르심과 택하심을 기뻐하며 감사하는 복된 응답이 되게 하여
주시옵소서. 이 시간 저희의 마음과 뜻을 다한 예배를 기쁘게 흠향하여 주
옵소서.

회개와 고백 주님, 저희의 삶을 돌아보면 부르심에 합당치 못한 모습뿐이
었음을 고백합니다. 주님, 주님께서는 저희의 어리석음을 아시오니, 세상
의 헛된 지식이 아닌 하늘의 지혜로 저희를 가르쳐 주시옵소서. 주님께서
는 저희의 연약함을 아시오니, 세상의 풍파 앞에 흔들리지 않도록 반석 같
은 믿음의 힘을 더하여 주시옵소서. 이 시간, 저희의 모든 죄를 주님의 십
자가 앞에 내려놓사오니, 용서의 은혜를 베푸시고 다시금 주님의 자녀답
게 살아갈 새 힘을 허락하여 주시옵소서.

간구와 중보 이 시간 저희 교회를 위해 기도합니다. 저희 교회가 부르심의 소망 안에서 하나 되게 하시고, 세상 속에서 빛과 소금의 역할을 온전히 감당하게 하옵소서. 예배를 위해 보이지 않는 곳에서 섬기는 모든 손길들 위에 함께하여 주시고, 그들의 헌신을 통해 하나님의 영광이 더욱 풍성히 드러나게 하여 주옵소서.

특별히 단 위에 세우신 목사님께 성령의 능력으로 기름 부어 주시기를 간절히 기도합니다. 선포되는 말씀이 저희의 영혼을 비추는 거울이 되게 하사, 저희의 부르심이 얼마나 영광스러운 것인지 깨닫게 하시고, 저희의 나아갈 길을 인도하는 나침반이 되게 하여 주시옵소서. 그 말씀을 통해 저희 각자가 그리스도의 장성한 분량에 이르기까지 자라나게 하옵소서.

또한, 주님의 부르심을 따라 열방으로 나아간 선교사님들을 위해 기도합니다. 낯선 땅, 어려운 환경 속에서도 복음을 전하는 그들의 사역 가운데 주님께서 친히 방패와 능력이 되어 주시옵소서. 모든 환난과 위험으로부터 지켜주시고, 그들의 입술을 통해 선포되는 복음이 잠자는 영혼들을 깨우고 잃어버린 양들을 주님께로 돌아오게 하는 구원의 역사를 이루어 주시옵소서.

결단과 소망 이제 저희는 세상으로 나아갑니다. 주님의 말씀을 가까이하고 그 계명에 순종함으로 저희의 부르심과 택하심을 날마다 굳게 세워가기를 소망합니다. 그리하여 저희가 이 땅을 살아가는 동안, 말씀에 순종함으로 영의 눈이 열리고, 주님과 동행함으로 결코 실족하지 않는 견고한 믿음의 길을 걷게 하여 주시옵소서. 예수 그리스도의 이름으로 기도드렸습니다. 아멘.

내 생명보다 귀한 사명, 은혜의 복음을 살게 하소서

"내가 달려갈 길과 주 예수께 받은 사명 곧 하나님의 은혜의 복음을 증언하는 일을 마치려 함에는 나의 생명조차 조금도 귀한 것으로 여기지 아니하노라" (사도행전 20:24)

감사와 찬양 저희의 삶이 되시는 하나님 아버지, 오늘도 살아 숨 쉬며 주님을 예배할 수 있는 은혜를 주시니 감사드립니다. 무엇보다 죄로 인해 영원히 죽을 수밖에 없던 저희에게 '하나님 은혜의 복음'이라는 생명의 소식을 허락하시니 그 사랑을 찬양합니다. 세상의 죄로 얼룩져 감히 주님 앞에설 자격 없는 저희이지만, 오직 그리스도의 십자가 공로에 의지하여 이 시간 담대히 나아갑니다. 저희의 허물을 덮으시고 무한한 사랑으로 받아주시며 예배의 자리로 불러주시니 감사드립니다. 이 시간 저희의 전심을 다한 경배를 받으시옵소서.

회개와 고백 주님 앞에 저희의 부끄러운 모습을 고백합니다. 주님께서는 저희에게 은혜의 복음을 증언하는 사명을 주셨건만, 저희는 그 사명을 잊고 살았습니다. 생명보다 귀하다 하신 복음을 때로는 값없이 여기고, 세상의 썩어질 것들을 더 귀하게 여기며 좇았습니다. 입술로는 복음을 말하면서도, 저희의 삶으로는 복음의 능력을 가리는 위선적인 모습으로 살아왔음을 용서하여 주시옵소서. 불의를 보면서도 침묵하고, 사랑을 실천하는 일에는 인색했던 저희의 비겁함과 이기심을 용서하여 주시옵소서. 이 시간, 저희의 더러운 죄를 정결케 하시고 새사람으로 빚어주시옵소서.

간구와 중보 이 시간, 주님의 피로 값 주고 사신 이 교회 위에 하나님의 영광이 충만하게 임하시기를 기도합니다. 저희의 메마른 심령 가운데 성령의 단비를 부어 주사, 사막에 샘이 넘치고 꽃이 피어나는 것과 같은 회복과 부흥의 역사를 경험하게 하여 주시옵소서.

특별히 은혜의 복음을 증거하기 위해 단 위에 세우신 목사님을 붙들어 주시옵소서. 사도 바울과 같은 열정과 담대함을 더하여 주사, 오직 하나님의 영광만을 위한 생명의 말씀을 선포하게 하옵소서. 왕 앞에 선 신하와 같이 두렵고 떨리는 마음으로 그 말씀을 받게 하시고, 그 말씀이 저희의 심장을 쪼개고 삶을 변화시키는 능력이 되게 하여 주시옵소서.

또한, 육신의 질병으로 고통받는 성도들을 불쌍히 여겨주시옵소서. 맹인의 눈을 뜨게 하시고 상처 입은 자를 자유케 하셨던 주님, 긍휼을 베풀어 주사 치유의 광선을 비추어 주시옵소서. 병상에 누운 이들을 친히 어루만져 주시고, 그들의 고통이 변하여 살아계신 하나님을 증거하는 간증이 되게 하여 주옵소서.

결단과 소망 이제 말씀을 통해 새 힘을 얻고 세상으로 나아가길 원합니다. 은혜의 복음이 저희의 삶을 통해 먼저 가정과 이웃에게 증거 되게 하시고, 그 사랑이 흘러넘쳐 모든 민족의 유익과 세계의 평화를 위해 헌신하는 저희가 되게 하여 주시옵소서. 그리하여 저희의 남은 모든 생이 주 예수께 받은 사명을 이루어가는 거룩한 순례의 길이 되게 하옵소서. 예수 그리스도의 이름으로 기도드렸습니다. 아멘.

십자가의 길에서, 비로소 은혜를 깨닫습니다

"이 복음이 이미 너희에게 이르매 너희가 듣고 참으로 하나님의 은혜를 깨달은 날부터 너희 중에서와 같이 또한 온 천하에서도 열매를 맺어 자라는도다" (골로새서 1:6)

감사와 찬양 저희를 위해 친히 고난의 길을 걸어가신 사랑과 은혜의 주님. 세상의 소란함을 잠시 멈추고 주님의 십자가를 깊이 묵상하는 사순절의 여정으로 저희를 초대하시니 감사드립니다. 저희의 죄를 대속하기 위해 기꺼이 자신을 내어주신 그 놀라운 희생과 사랑 앞에 저희의 모든 찬양과 경배를 올려드립니다. 오늘 이 예배가 세상의 즐거움을 구하는 자리가 아니라, 오직 십자가에 나타난 하나님의 은혜를 깨닫고 감사하는 거룩한 시간이 되게 하여 주시옵소서.

회개와 고백 긍휼의 주님, 이 시간 저희의 위선과 나태함을 고백합니다. 주님께서는 저희를 위해 십자가의 길을 걷고 계시는데, 저희는 여전히 세상의 넓은 길에서 먹고사는 문제와 썩어질 유익을 구하기에 분주했습니다. 경건의 모양은 있으나 경건의 능력은 부인하며, 주님의 고통을 묵상하기보다 저희 자신의 만족을 채우기에 급급했음을 용서하여 주시옵소서. 이 시간, 세상으로 향하던 저희의 눈과 마음을 돌이켜 오직 골고다 언덕의 주님만을 바라보게 하옵소서. 주님의 희생을 기억하며 저희에게 주신 사명을 다시금 붙잡는 결단의 시간이 되게 하여 주옵소서.

간구와 중보 이 시간, 주님의 임재 안에서 드려지는 예배를 위해 기도합니다. 예배를 돕는 모든 사역자들의 헌신을 기쁘게 받아주시고, 저희 모두가 형식적인 예배자가 아닌, 마음과 영혼을 다해 주님을 경배하는 참된 예배자가 되게 하여 주시옵소서.

생명의 양식을 베푸시는 주님, 단 위에 세우신 목사님의 입술을 통해 선포되는 말씀을 듣습니다. 오늘 선포되는 말씀이 저희의 무딘 심령을 깨우는 날카로운 검이 되게 하시고, 동시에 상처 입은 영혼을 싸매는 위로의 향유가 되게 하여 주시옵소서. 그 말씀을 통해 하나님의 은혜를 참으로 깨닫게 하시고, '아멘'으로 화답하며 삶의 열매로 증명해 내는 저희가 되게 하옵소서.

이 사순절 기간에 저희 교회의 모든 성도들이 주님과 더욱 깊이 동행하기를 원합니다. 자신을 부인하고 자기 십자가를 지는 삶의 의미를 깨닫게 하시며, 주님의 사랑을 이웃에게 나누고 베푸는 삶을 통해 아름다운 신앙의 열매를 맺어 가게 하여 주시옵소서.

결단과 소망 이제 저희는 다시 세상으로 나아갑니다. 이 사순절의 여정이 끝날 때, 저희가 주님의 십자가 아래 더 가까이 나아가게 하시고, 그 은혜를 참으로 깨달은 자로서 이제는 세상을 향해 사랑과 희생의 열매를 맺으며 자라나는 주님의 신실한 제자들이 되게 하여 주시옵소서. 예수 그리스도의 이름으로 기도드렸습니다. 아멘.

세상에 생명을 주는 자, 저희가 그 통로 되게 하소서

"하나님의 떡은 하늘에서 내려 세상에 생명을 주는 것이니라" (요한복음 6:33)

감사와 찬양 생명 되시는 하나님 아버지. 광야에서 이스라엘 백성에게 만나를 내려주셨듯이, 이 죄악 된 세상에 생명의 떡이신 예수 그리스도를 보내주시어 저희에게 영원한 생명을 주시니 감사드립니다. 저희를 살리셨을 뿐만 아니라, 이제는 저희를 통해 세상에 생명을 나누어 주는 통로로 삼아주시니 그 영광스러운 부르심을 찬양합니다. 저희의 예배가 이 생명의 언어를 온 세상에 전하는 결단이 되게 하여 주시옵소서.

회개와 고백 긍휼의 하나님, 저희는 세상에 생명을 주는 자의 사명을 감당하지 못했음을 고백합니다. 저희는 천사도 흠모하는 이 복음 전파의 사명을 소홀히 여기고, 저희가 받은 생명의 떡을 저희 자신만 먹고 만족했습니다. 저희는 굶주린 세상의 신음 소리에 귀를 닫았고, 저희의 안일함 속에서 잃어버린 영혼들을 외면했습니다. 저희의 이기심과 무정함을 회개하오니 용서하여 주시고, 저희의 마음을 다시 한번 주님의 마음으로 채워주시옵소서.

간구와 중보 이 시간, 저희 교회가 세상에 생명을 나누는 공동체가 되기를 기도합니다. 생명의 말씀의 대언자이신 목사님의 입술을 통해 생명의 떡이 풍성하게 나누어지게 하여 주시옵소서. 저희가 먼저 이 말씀을 먹고 배부르게 하시고, 그 힘과 열정으로 세상에 나아가 이 생명의 떡을 나누어주는 자들이 되게 하여 주옵소서.

저희 교회의 모든 부서와 제직들의 헌신이, 메마른 영혼들에게 생명을 주는 통로가 되게 하여 주시옵소서. 특별히 질병으로 고통받는 자들에게 이 생명의 말씀이 임하여, 치유와 회복의 역사가 일어나게 하여 주시옵소서. 저희가 주님께 드리는 예물이 사용되는 곳에 하늘에서 내려지는 복음의 생명을 낳는 역사가 있게 하여 주옵소서.

결단과 소망 이제 저희가 저희만 배부른 자가 아니라, 세상에 생명을 주는 자로 살아가기를 결단합니다. 저희의 남은 모든 삶이, 저희의 모든 헌신이, 굶주린 세상에 생명의 떡을 나누어주는 거룩한 손길이 되게 하여 주시옵소서. 그리하여 저희를 통해, 하늘에서 내려온 이 생명의 떡으로 말미암아 온 세상이 주님과 함께 생명을 얻고 풍성히 누리는 그날을 보게 하여 주옵소서. 예수 그리스도의 이름으로 기도드렸습니다. 아멘.

역사의 주관자이신 하나님, 이 민족의 방패와 소망이 되소서

"우리 영혼이 여호와를 바람이여 그는 우리의 도움과 방패시로다 우리 마음이 그를 즐거워함이여 우리가 그의 성호를 의지하였기 때문이로다" (시편 33:20-21)

감사와 찬양 민족의 흥망성쇠를 주관하시며 역사의 고비마다 이 나라를 지켜주신 하나님 아버지. 암울했던 일제강점기에도 꺼지지 않는 소망의 등불을 들게 하시고, 믿음의 선조들을 통해 독립의 열망을 외치게 하셨던 주님의 그 놀라운 섭리에 감사와 찬양을 올려드립니다. 특히 주님의 성호를 의지하여 목숨을 초개와 같이 버리며 나라와 민족을 사랑했던 순국선열들과 믿음의 선조들의 헌신을 기억합니다. 그들의 피와 땀, 그리고 눈물의 기도가 있었기에 오늘 저희가 자유의 땅에서 주님을 예배할 수 있사오니, 이 감격스러운 예배를 통해 홀로 영광 받아주시옵소서.

회개와 고백 주님, 피와 땀으로 이 땅을 지켜낸 선조들의 희생 앞에서 저희의 부끄러운 모습을 고백하지 않을 수 없습니다. 저희는 나라의 아픔에 함께 울기보다 개인의 안일과 이익을 먼저 구했고, 민족의 미래를 위해 기도하기보다 눈앞의 쾌락을 좇았습니다. 자유의 소중함을 잊은 채 분열과 갈등을 일삼고, 이웃을 사랑하라는 주님의 명령을 외면했던 저희의 이기심과 무관심을 용서하여 주시옵소서. 이 시간, 저희의 안일했던 신앙을 회개하오니, 저희를 새롭게 하사 주님께서 주신 이 조국을 뜨겁게 사랑하는 마음을 회복시켜 주시옵소서.

간구와 중보 이 시간, 이 나라와 이 민족을 주님의 손에 올려드리며 간구합니다. 이 땅의 지도자들에게 지혜와 명철을 더하여 주사, 국민을 섬기는 겸손한 리더십을 발휘하게 하시고, 모든 백성이 나뉜 마음을 하나로 모아 화합과 상생의 길로 나아가게 하여 주시옵소서.

특별히 오늘 말씀을 선포하시는 목사님께 성령의 능력으로 함께하여 주옵소서. 그 입술에서 나오는 말씀이 하늘의 우레처럼 저희의 잠자던 영혼을 깨우게 하시고, 진리의 바람이 불어와 이 시대를 향한 하나님의 뜻이 무엇인지 분별하는 지혜를 얻게 하여 주옵소서. 그리하여 이 땅의 교회들이 다시금 민족의 아픔을 끌어안고 기도하며, 세상의 빛과 소금으로서의 사명을 온전히 감당하게 하여 주시옵소서.

지난날 저희 선조들이 총칼 앞에서도 믿음으로 나라를 구하는 일에 헌신했듯, 이제는 저희가 기도의 무릎으로 이 나라를 지키고 세워가는 거룩한 파수꾼이 되게 하여 주옵소서.

결단과 소망 사랑의 하나님, 삼일 만세운동의 그날, 비폭력의 함성으로 독립의 열망을 외쳤던 그 순결한 정신을 이어받아, 이제 저희는 사랑과 기도의 함성으로 이 땅에 하나님의 평화와 공의를 외치게 하옵소서. 그리하여 이 민족이 다시 한번 하나님의 은혜로 새로워지고, 세계 열방을 섬기는 제사장 나라의 사명을 감당하는 복된 민족이 되게 하여 주시옵소서. 예수 그리스도의 이름으로 기도드렸습니다. 아멘.

그가 채찍에 맞음으로, 우리가 나음을 입었나이다

"친히 나무에 달려 그 몸으로 우리 죄를 담당하셨으니 이는 우리로 죄에 대하여 죽고 의에 대하여 살게 하려 하심이라 그가 채찍에 맞음으로 너희는 나음을 얻었나니" (베드로전서 2:24)

감사와 찬양 흠 없는 어린 양이 되어 우리의 모든 죄를 짊어지신 사랑의 하나님. 아무런 죄가 없으시면서도 저희를 위해 십자가의 길을 묵묵히 걸어가시고, 모진 채찍과 조롱과 멸시를 온몸으로 감당하신 그 크신 은혜에 감사와 찬송을 올려드립니다. 주님의 그 놀라운 희생이 있었기에 저희가 죽음에서 생명으로, 절망에서 소망으로 옮겨졌음을 믿습니다. 이 시간, 저희의 예배가 세상의 자랑이 아닌 오직 주님의 십자가만을 자랑하며, 겸손히 주님 앞에 엎드리는 시간이 되게 하여 주시옵소서.

회개와 고백 거룩하신 주님, 주님의 십자가 앞에 저희의 죄 된 모습을 고백합니다. 주님께서 찔리심은 저희의 허물 때문이며, 주님께서 상하심은 저희의 죄악 때문임을 고백합니다. 저희의 교만이 주님의 머리에 가시관을 씌웠고, 저희의 탐욕이 주님의 손에 못을 박았으며, 저희의 불순종이 주님의 옆구리에 창을 꽂았나이다. 이 시간, 저희가 알면서 지은 죄와 모르면서 지은 모든 죄악을 주님의 보혈 앞에 내려놓사오니, 그 피로 저희를 정결하게 씻어 주시고 용서하여 주시옵소서.

간구와 중보 이 시간, 십자가의 능력이 저희의 삶을 온전히 지배하기를 기도합니다. 주님의 죽으심을 통해 저희의 옛사람이 함께 죽었음을 선포하오니, 더는 죄의 종노릇 하지 않게 하시고, 주님의 부활 생명 안에서 의에 대하여 살아가는 새로운 피조물이 되게 하여 주시옵소서.

단 위에 세우신 목사님께서 십자가의 도와 그 사랑의 깊이를 선포하실 때, 성령께서 친히 조명하여 주시옵소서. 그 말씀이 단순한 교리가 아니라 저희의 심장을 파고드는 생명의 음성이 되게 하시고, 주님의 고난에 동참하며 그 사랑에 응답하는 결단이 있게 하여 주시옵소서.

또한 교회를 위해 먼저 섬기는 직분자들을 위해 기도합니다. 주님께서 자신을 내어주심으로 섬김의 본을 보이셨듯이, 저희 직분자들이 기쁨과 겸손으로 성도들을 섬기게 하옵소서. 그들의 희생적인 봉사를 통해 온 성도가 거룩한 도전을 받게 하시고, 교회가 더욱 굳건한 사랑의 공동체로 세워져 가게 하여 주시옵소서.

결단과 소망 이제 십자가의 사랑으로 구원받은 저희가 그 사랑을 들고 세상으로 나아가길 원합니다. 저희의 삶을 통해 하나님의 공의를 실천하게 하시고, 그리하여 이 땅에 만연한 미움과 다툼, 불의가 주님의 희생적인 사랑 앞에서 녹아내리게 하여 주시옵소서. 참된 평화와 정의가 강물처럼 흐르는 하나님 나라를 저희의 삶의 자리에서부터 이루어 가게 하여 주시옵소서. 예수 그리스도의 이름으로 기도드렸습니다. 아멘.

사람이 떡으로만 살 것이 아니요, 하나님의 말씀으로

"예수께서 대답하시되 기록된 바 사람이 떡으로만 살 것이 아니라 하였느니라" (누가복음 4:4)

감사와 찬양 만유의 주인 되신 하나님 아버지. 만물이 소생하는 싱그러운 봄날을 허락하시고, 저희에게 일용할 육신의 양식과 더불어 영원히 사는 영혼의 양식인 말씀을 함께 주시는 주님을 찬양합니다. 사람이 떡으로만 살 것이 아니요 오직 하나님의 입에서 나오는 모든 말씀으로 살 것이라 가르쳐 주시니 감사드립니다. 이 시간, 세상의 떡이 아닌 생명의 말씀을 사모하며 주님 앞에 나아와 온 마음과 정성으로 예배드립니다.

회개와 고백 사랑과 용서의 하나님, 저희는 하나님의 말씀보다 세상의 떡을 더 구하며 살아왔음을 고백합니다. 저희는 영혼의 양식을 구하는 데에는 게을렀으나, 육신의 양식을 구하는 데에는 부지런했습니다. 저희의 마음은 하나님의 말씀으로 채워지기보다, 세상의 염려와 재물의 유혹으로 가득했습니다. 저희의 연약함을 용서하여 주시고, 꾸짖지 아니하시고 후히 주시는 주님의 지혜를 구하오니 저희의 어리석음을 깨우쳐 주시옵소서.

간구와 중보 이 시간, 저희 교회가 생명의 말씀으로 배부른 공동체가 되기를 기도합니다. 말씀을 들고 단 위에 서신 목사님께 성령의 권능을 더하여 주시옵소서. 선포되는 말씀을 통해 저희의 굶주린 심령이 하늘의 양식으로 배부르게 하시고, 그 말씀이 저희의 삶을 변화시키는 능력이 되게 하여 주옵소서. 저희가 가난한 심령으로 말씀을 받아 천국을 소유하는 복을 누리게 하옵소서.

저희 교회의 모든 청지기가 먼저 말씀으로 충만케 되어, 새벽 기도의 자리와 삶의 모든 자리에서 주님과 동행하게 하옵소서. 그들의 섬김을 통해, 저희 교회가 이웃에게 생명의 떡을 나누어 주는 축복의 통로가 되게 하여 주시옵소서.

결단과 소망 이제 저희가 더 이상 썩을 육신의 양식만을 위해 살지 않고, 저희의 영혼을 살리는 하나님의 말씀을 최우선으로 삼고 살아가기를 결단합니다. 저희의 남은 모든 삶이, 저희가 드리는 이 헌물이, 이 생명의 말씀을 저희 주변의 굶주린 영혼들에게 나누어주는 거룩한 통로가 되게 하여 주시옵소서. 그리하여 저희를 통해 이 땅에 하나님의 나라가 확장되게 하여 주옵소서. 예수 그리스도의 이름으로 기도드렸습니다. 아멘.

더러운 옷을 벗기시고, 아름다운 옷을 입히시는 주님

"여호와께서 자기 앞에 선 자들에게 명령하사 그 더러운 옷을 벗기라 하시고 또 여호수아에게 이르시되 내가 네 죄악을 제거하여 버렸으니 네게 아름다운 옷을 입히리라 하시기로" (스가랴 3:4)

감사와 찬양 사랑과 은혜가 풍성하신 하나님 아버지. 지난 한 주간도 저희의 걸음을 인도하시고 눈동자와 같이 지켜주셨다가, 거룩한 주일 주님의 전으로 불러주시니 감사드립니다. 저희의 어떠함이 아니라 오직 예수 그리스도의 보혈 공로를 의지하여 이 자리에 섰습니다. 죄의 더러운 옷을 입고 서 있던 저희의 죄악을 제거하여 주시고, 의와 구원이라는 아름다운 옷을 입혀주시는 그 놀라운 은혜를 찬양합니다. 이 시간, 저희의 마음과 정성을 다해 드리는 예배를 통해 홀로 영광 받으시옵소서.

회개와 고백 자비의 주님, 저희는 주님 앞에 더러운 옷을 입고 서 있는 죄인입니다. 저희의 옷은 세상의 탐욕과 욕심의 먼지로 얼룩져 있고, 미움과 시기의 냄새가 깊이 배어 있으며, 교만과 불순종으로 군데군데 찢겨 있나이다. 하나님께서는 잠시도 저희를 떠나지 않으셨건만, 저희는 너무나도 자주 주님의 곁을 떠나 방황했습니다. 저희 스스로는 이 죄의 옷을 벗을 힘도, 깨끗하게 할 능력도 없음을 고백하오니, 이 시간 주님의 긍휼로 저희를 불쌍히 여겨 주시옵소서.

간구와 중보 이 예배가 저희의 더러운 옷을 벗고 주님이 주시는 새 옷으로 갈아입는 은혜의 시간이 되기를 간절히 원합니다. 성령님께서 이 자리에 모인 모든 심령을 다스려 주사, 하나님께서 기쁘게 받으시는 영과 진리의 예배를 드리게 하여 주시옵소서. 예배를 위해 이른 시간부터 헌신하는 지체들의 섬김을 기억하여 주시고, 그들의 수고가 주님 앞에 향기로운 제물이 되게 하여 주옵소서.

특별히 단 위에 세우신 목사님께서 하나님의 말씀을 대언하실 때, 성령의 능력을 더하여 주시옵소서. 선포되는 말씀이 저희의 낡고 더러운 자기 옷을 벗겨내는 날카로운 검이 되게 하시고, 동시에 저희에게 아름다운 구원의 옷을 입히시는 주님의 사랑의 음성이 되게 하여 주시옵소서. 그 말씀을 '아멘'으로 받아 저희의 영혼이 새로워지는 역사가 있게 하여 주옵소서.

결단과 소망 주님께서 입혀주신 이 아름다운 구원의 옷을 입고, 이제는 담대히 세상으로 나아가기를 소망합니다. 아직도 죄의 더러운 옷을 입고 절망 속에서 신음하는 영혼들에게 이 복된 소식을 전하게 하시고, 그들 또한 주님의 은혜로 정결케 되어 구원의 잔치에 참여하게 하는 선교의 사명을 감당하는 저희가 되게 하여 주시옵소서. 마지막 주님 오시는 그날까지, 천하보다 귀한 한 영혼을 구원하는 일에 저희의 삶을 드리게 하옵소서. 예수 그리스도의 이름으로 기도드렸습니다. 아멘.

사망을 이기신 생명의 왕, 부활의 주님을 찬양합니다

"그가 여기 계시지 않고 그가 말씀 하시던 대로 살아나셨느니라 와서 그가 누우셨던 곳을 보라" (마태복음 28:6)

감사와 찬양 영원한 생명이시며 부활의 첫 열매가 되신 주님. 죄와 절망의 어두운 무덤 문을 박차고 일어나, 사망의 권세를 깨뜨리시고 승리하신 우리 주 예수 그리스도를 찬양합니다. 인류의 가장 큰 절망이었던 죽음을 이기시고 영원한 생명의 길을 열어주신 이 기쁨의 아침, 저희가 한자리에 모여 감격의 예배를 드리게 하시니 감사드립니다. 오늘 저희의 예배가 하늘 보좌를 뒤흔드는 승리의 함성이 되게 하시고, 온 교회가 부활의 주님만을 높이며 기뻐하는 영광의 축제가 되게 하여 주시옵소서.

회개와 고백 부활의 빛 가운데 저희의 어두운 삶을 비추어봅니다. 주님께서 부활하사 승리하셨음에도 불구하고, 저희는 여전히 죽음을 두려워하고 세상의 염려에 짓눌려 살아왔음을 고백합니다. 부활의 능력을 믿는다 하면서도, 작은 문제 앞에서는 쉽게 절망하고 낙심했던 저희의 연약한 믿음을 용서하여 주시옵소서. 주님께서 모든 것의 주인이심을 잊고, 마치 제 것인 양 썩어질 것들을 붙들고 살았던 저희의 어리석음을 용서하여 주옵소서. 이 시간, 부활하신 주님의 능력으로 저희의 묵은 죄를 벗겨 주시고, 절망의 마음을 소망으로 채우사, 부활의 새 생명을 온전히 누리는 저희가 되게 하여 주시옵소서.

간구와 중보 이 시간, 부활의 기쁜 소식이 온 땅에 선포되기를 기도합니다. 무엇보다 단 위에 세우신 목사님께 성령의 큰 능력을 더하여 주셔서, 오늘 선포되는 말씀이 단순한 지식의 전달이 아니라, 살아계신 주님을 만나는 생생한 증언이 되게 하여 주옵소서. 그 말씀을 듣는 저희의 심령에 부활 신앙이 뿌리내리게 하시고, '주님께서 다시 사셨다'는 이 복음이 삶의 모든 것을 이기는 능력이 되게 하여 주옵소서.

이제 저희는 부활의 증인으로 세상에 나아갑니다. 저희의 삶을 통해 "뜻이 하늘에서 이루어진 것 같이 땅에서도 이루어지이다" 하신 주님의 기도가 응답되게 하옵소서. 저희의 손과 발이, 저희의 시간과 재물이 이 땅에 하나님의 나라를 세워가는 거룩한 도구로 쓰임 받게 하여 주시옵소서.

주님의 교회를 섬기도록 세우신 제직들과 모든 사역자들을 축복하여 주옵소서. 부활의 기쁨과 소망이 그들의 섬김의 동력이 되게 하시고, 지치지 않는 열정으로 맡은 바 사명을 즐거이 감당하게 하여 주시옵소서.

결단과 소망 사망을 이기시고 다시 사신 주님, 이 부활의 소망이 저희의 삶을 이끌어, 마침내 주님 다시 오시는 그날, 저희 모두가 영광스러운 부활의 몸으로 주님 앞에 서게 되는 그날까지 믿음의 경주를 완주하게 하여 주시옵소서. 저희의 남은 모든 생이 부활의 주님을 찬양하는 노래가 되게 하옵소서. 예수 그리스도의 이름으로 기도드렸습니다. 아멘.

부활의 영광, 온 맘 다해 주님께 돌려드립니다

"여호와의 이름에 합당한 영광을 그에게 돌릴지어다 제물을 들고 그 앞에 들어갈지어다 아름답고 거룩한 것으로 여호와께 경배할지어다" (역대상 16:29)

감사와 찬양 저희의 소망과 생명이 되신 하나님 아버지. 십자가에서 죽으시고 부활하사 당신의 이름이 얼마나 위대하며 영화로운지를 온 천하에 나타내신 주님을 찬양합니다. 사망을 이기신 그 이름에 합당한 영광과 존귀를 올려드리며, 이 시간 저희의 몸과 마음을 거룩한 제물로 드립니다. 지난 한 주간도 부활의 소망 안에서 저희를 지켜주시고, 오늘 이 기쁨의 예배로 다시 불러주시니 감사드립니다. 저희의 경배를 통해 주님의 이름만이 높임을 받으시옵소서.

회개와 고백 거룩하신 주님, 저희의 죄를 고백합니다. 그토록 찬란한 부활의 영광을 목도했음에도, 저희는 다시 세상의 헛된 영광을 좇아 살았음을 고백합니다. 여호와의 이름에 합당한 영광을 돌리기보다, 저희 자신의 이름을 높이기에 급급했습니다. 하나님의 나라와 의를 구하기보다, 세상 유혹에 이끌려 눈앞의 욕심을 채우며 살았습니다. 입술로는 주님을 경배한다 하면서도, 삶으로는 주님의 영광을 가리며 살았던 저희의 어리석음을 용서하여 주시옵소서.

간구와 중보 이 시간 저희의 예배가 하늘의 예배를 닮아가기를 원합니다. 성령님께서 이곳에 모인 저희의 마음을 주관하여 주사, 신령과 진정으로 드리는 저희의 예배가 주님 보좌 앞에 향기로운 제물로 드려지게 하여 주시옵소서. 이 예배 가운데 사탄의 모든 궤계가 틈타지 못하도록 주님의 보혈로 덮어주시고, 오직 하나님의 영광만이 충만하게 하옵소서. 특별히 아름답고 거룩한 것으로 주님을 찬양하는 성가대의 목소리 위에 하늘 천군 천사의 소리가 겹쳐지게 하시고, 그 찬양이 주님의 영광을 온전히 드러내는 거룩한 통로가 되게 하여 주시옵소서.

단 위에 세우신 목사님께서 생명의 말씀을 선포하실 때, 성령의 능력을 더하여 주옵소서. 저희가 말씀을 들을 때, 부활하신 주님의 영광을 눈으로 보는 듯한 감격을 경험하게 하시고, 그 말씀에 '아멘'으로 순종하며 저희의 삶을 온전히 드리기로 결단하는 시간이 되게 하여 주시옵소서.

결단과 소망 예수님의 보혈로 죄 씻음 받아 거룩한 제물이 된 저희가, 이제는 삶의 모든 순간을 통해 여호와의 이름에 합당한 영광을 돌리게 하옵소서. 저희의 말과 행동, 저희의 가정과 일터가 주님의 거룩하심과 아름다우심을 드러내는 작은 예배가 되게 하여 주시옵소서. 그리하여 저희의 온 삶이 부활의 주님을 증거하는 편지가 되게 하여 주옵소서. 예수 그리스도의 이름으로 기도드렸습니다. 아멘.

차별 없이 동일한 은혜를 나누시는 하나님

"이 일에 누가 너희에게 듣겠느냐 전장에 내려갔던 자의 분깃이나 소유물 곁에 머물렀던 자의 분깃이 동일할지니 같이 분배할 것이니라 하고" (사무엘상 30:24)

감사와 찬양 사랑과 공평의 하나님 아버지. 전장에 나아갈 힘이 있는 자나, 연약하여 뒤에 머무를 수밖에 없는 자나, 차별 없이 구원하시고 동일한 은혜의 분깃을 나누어 주시는 주님을 찬양합니다. 저희의 공로와 자격이 아닌, 오직 십자가를 통과한 주님의 사랑 안에서 저희 모두가 하나님의 자녀가 되는 동일한 영광을 누리게 하시니 그 크신 은혜에 감사드립니다. 오늘 이 예배를 통해 저희 안에 있는 모든 막힌 담이 허물어지고, 오직 주님의 사랑으로 하나 되는 기쁨을 맛보게 하여 주시옵소서.

회개와 고백 긍휼이 풍성하신 하나님, 주님께서 저희 모두에게 동일한 은혜를 주셨건만, 저희는 세상의 잣대로 서로를 비교하고 판단하며 살아왔음을 고백합니다. 다른 이의 연약함을 품어주기보다 쉽게 정죄하고, 저희 자신을 드러내며 교만했습니다. 주님의 몸 된 교회 안에서조차 보이지 않는 담을 쌓고, 하나 되지 못했던 저희의 죄를 용서하여 주시옵소서. 마땅히 하나님께만 영광 돌려야 할 삶의 자리에서, 저희 자신의 유익만을 추구했던 이기심을 회개하오니 저희를 새롭게 하여 주옵소서.

간구와 중보 이 시간, 주님의 말씀이 저희를 하나로 묶어주시기를 기도합니다. 단 위에 세우신 목사님을 통해 선포되는 말씀이, 세상의 모든 차별과 편견을 깨뜨리는 하나님의 능력이 되게 하여 주시옵소서. 그 말씀을 통해 하나님의 마음을 배우고, 서로를 존귀하게 여기는 법을 깨닫는 시간이 되게 하옵소서.

특별히 저희 가운데 연약한 지체들을 위해 기도합니다. 병상에 누워 고통받는 이들에게 찾아가 주사, 육신의 질병이 그들의 영혼을 잠식하지 않도록 붙들어 주시고, 치료의 광선을 비추사 깨끗하게 하여 주시옵소서. 몸과 마음에 불편함을 가진 지체들에게 하늘의 위로를 더하여 주옵소서. 세상적인 장애가 결코 영적인 장애가 되지 않음을 알게 하시고, 그들을 통해 교회가 더욱 온전한 사랑을 배우게 하여 주옵소서.

또한, 다음 세대를 믿음으로 양육하는 교육부서와 교사들을 위해 기도합니다. 이들에게 지혜와 사랑을 부어 주사, 우리 자녀들에게 차별 없으신 하나님의 사랑을 가르치게 하시고, 모든 생명을 존귀하게 여기는 믿음의 거목들로 키워내게 하여 주시옵소서.

결단과 소망 이제 저희 교회가 세상의 차별과 불평등 속에서, 하나님의 동일한 사랑과 은혜가 어떠한 것인지를 보여주는 증거가 되게 하여 주시옵소서. 강한 자와 약한 자가 함께하고, 가진 자와 없는 자가 나누며, 모든 지체가 서로를 귀히 여기는 하나님 나라를 이 땅에 미리 보여주는 사랑의 공동체가 되게 하여 주옵소서. 예수 그리스도의 이름으로 기도드렸습니다. 아멘.

우리를 부르시는 음성, '저들에게 복음을 전하라'

"바울이 그 환상을 보았을 때 우리가 곧 마게도냐로 떠나기를 힘쓰니 이는 하나님이 저 사람들에게 복음을 전하라고 우리를 부르신 줄로 인정함이러라" (사도행전 16:10)

감사와 찬양 사랑과 은혜의 하나님 아버지. 저희를 위해 독생자 예수 그리스도를 세상에 보내 주사 모든 죄와 허물을 사하시고 구원의 길을 활짝 열어주신 그 크신 사랑을 찬양합니다. 부활의 능력으로 죽음의 권세를 이기시고, 이 복된 소식이 온 열방에 전파되게 하시니 감사드립니다. 오늘 이 시간, 저희에게 허락하신 구원의 은혜에 감사하며 한마음 한뜻으로 주님께 영광 돌리는 예배가 되게 하여 주시옵소서.

회개와 고백 자비로우신 하나님, 이 시간 저희의 불순종을 회개합니다. 주님께서는 저희에게도 건너와서 우리를 도우라는 세상의 간절한 소리를 듣게 하셨건만, 저희는 듣지 못하는 척 귀를 막았습니다. "저 사람들에게 복음을 전하라"라고 부르셨지만, 저희는 육신이 연약하다는 핑계로, 믿음이 부족하다는 핑계로, 바쁘다는 핑계로 주저앉아 있었습니다. 세상의 빛과 소금으로 살아가기보다, 세상의 어둠과 부패에 동화되어 살았던 저희의 허물 많은 삶을 용서하여 주시옵소서.

간구와 중보 이 시간, 저희를 다시 한번 주님의 선교적 부르심 앞에 세워 주시기를 기도합니다. 말씀을 들고 단 위에 서신 목사님께 성령의 능력을 더하여 주사, 오늘 선포되는 말씀이 저희의 안일한 신앙을 깨우는 도전이 되게 하시고, 잃어버린 영혼을 향한 주님의 애타는 마음을 저희 심장에 새기는 시간이 되게 하여 주시옵소서.

그리하여 이 자리에 모인 저희 모두가 각자의 삶의 자리에서 부름받은 선교사임을 깨닫게 하옵소서. 저희의 가정과 직장, 이웃이 바로 하나님께서 보내신 마게도냐임을 알게 하시고, 그곳에서 복음의 증인으로 살아가는 저희가 되게 하여 주시옵소서.

특별히 육신의 질병으로 신음하며 고통받는 성도들을 기억하여 주옵소서. 절망의 자리에서 주님을 바라볼 때, 치유의 은혜를 내려주시고 회복시켜 주시옵소서. 그리하여 그들의 삶이 질병의 고통을 이기신 주님의 능력을 증거하는 살아있는 간증이 되게 하여 주시옵소서.

결단과 소망 이제 사도 바울이 그러했듯, 저희도 '곧 떠나기를 힘쓰는' 교회가 되게 하여 주시옵소서. 머뭇거리는 저희의 발걸음에 용기를 주시고, 닫혀있는 저희의 입술을 열어 주사, 저희의 온 삶이 '저 사람들에게 복음을 전하라'는 주님의 부르심에 '아멘'으로 응답하는 선교적 삶이 되게 하여 주시옵소서. 예수 그리스도의 이름으로 기도드렸습니다. 아멘.

어린아이들과 같이, 낮아짐과 신뢰의 믿음으로

"예수께서 한 어린 아이를 불러 그들 가운데 세우시고 이르시되 진실로 너희에게 이르노니 너희가 돌이켜 어린 아이들과 같이 되지 아니하면 결단코 천국에 들어가지 못하리라" (마태복음 18:2-3)

감사와 찬양 가장 작은 자를 들어 세상의 지혜를 부끄럽게 하시는 하나님 아버지. 어린이주일을 맞아 주님의 사랑하는 자녀들과 함께 예배하게 하시니 감사드립니다. 세상이 힘과 지위를 좇을 때, 한 어린아이를 제자들 가운데 세우시고 천국의 비밀을 가르쳐 주신 주님의 겸손과 사랑을 찬양합니다. 이 땅에 수많은 아이들을 허락하시고, 그들의 존재를 통해 저희에게 순수함과 믿음의 본을 보게 하시니 감사드립니다. 오늘 이 예배가 모든 세대가 함께 주님을 기뻐하며, 주님의 이름에 영광 돌리는 복된 시간이 되게 하여 주시옵소서.

회개와 고백 사랑의 주님, 저희 마음에 자리 잡은 굳어짐과 교만을 고백합니다. 한때 저희에게도 있었던 어린아이와 같은 깨끗한 마음을 잃어버렸습니다. 어느새 저희의 마음은 계산하는 마음, 의심하는 마음, 높아지려는 마음으로 채워지고 말았습니다. 정직함 대신 얕은꾀를, 순수한 신뢰 대신 인간적인 경험을 의지했던 저희의 어리석음을 용서하여 주시옵소서. 이 시간, 저희의 완악한 마음을 돌이켜 주사, 다시 어린아이와 같이 주님을 온전히 신뢰하는 순결한 마음을 회복시켜 주시옵소서.

간구와 중보 이 땅의 모든 어린이를 주님의 손에 올려드립니다. 악한 세상의 풍파 속에서 이 아이들을 지켜 보호하여 주시고, 어릴 때부터 하나님의 말씀을 사랑하며, 예수님의 성품을 닮아가는 지혜롭고 건강한 아이들로 자라나게 하여 주시옵소서. 특별히 저희 교회의 다음 세대를 축복하여 주시고, 그들을 가르치는 부모님과 선생님들에게 하늘의 지혜와 사랑을 부어주시옵소서.

오늘 선포되는 말씀이 모든 세대의 마음을 어루만져 주시기를 원합니다. 저희 어른들에게는 굳어진 마음을 깨뜨리고 어린아이의 신앙을 회복하는 거울이 되게 하시고, 우리 자녀들에게는 일생의 길이요 진리가 되는 생명의 양식이 되게 하여 주시옵소서. 저희 모두가 꾸밈없는 모습으로 주님께 달려가 그 품에 안기기를 즐거워하는 믿음을 갖게 하옵소서.

결단과 소망 가정의 달 오월을 시작하며, 저희의 가정이 천국을 미리 맛보는 작은 교회가 되게 하여 주시옵소서. 부모는 자녀를 주님의 사랑으로 양육하고, 자녀는 부모에게 순종하며, 부부가 서로 존중하고 사랑함으로, 저희 가정을 통해 하나님의 영광이 드러나게 하여 주옵소서. 그리하여 5월의 푸른 하늘 아래에서 자라나는 아이들의 웃음소리가 저희 가정과 교회를 넘어 온 땅에 가득하게 하여 주시옵소서. 예수 그리스도의 이름으로 기도 드렸습니다. 아멘.

우리의 하늘 아버지와 땅의 부모님을 기쁘시게 하는 삶

"의인의 아비는 크게 즐거울 것이요 지혜로운 자식을 낳은 자는 그로 말미암아 즐거울 것이니라 네 부모를 즐겁게 하며 너를 낳은 어미를 기쁘게 하라" (잠언 23:24-25)

감사와 찬양 모든 생명의 근원이시며, 저희의 영원한 아버지가 되시는 하나님. 저희를 먼저 사랑하사 당신의 자녀 삼아주시고, 이 땅에 육신의 부모님을 허락하사 그 사랑의 통로로 삼아주시니 감사드립니다. 저희를 낳으시고 기르시며 평생을 눈물과 기도로 헌신하신 부모님의 사랑을 기억하며, 오늘 이 어버이 주일에 하나님과 부모님의 은혜를 함께 기리는 예배를 드리게 하시니 참으로 감사합니다. 이 시간 저희의 예배를 기쁘게 받아주시옵소서.

회개와 고백 긍휼의 하나님, 이 시간 저희의 불효를 용서하여 주시옵소서. 부모님의 깊은 사랑을 당연하게 여기고, 감사의 표현에 인색했던 저희의 무심함을 회개합니다. 저희의 미성숙한 말과 행동으로 부모님의 마음에 근심을 안겨드렸고, 바쁘다는 핑계로 부모님의 외로움을 돌아보지 못했습니다. 무엇보다 저희의 삶이 지혜롭고 의롭지 못하여 부모님께 기쁨이 되지 못하고, 하늘 아버지의 영광을 가렸던 죄를 용서하여 주시옵소서. 주님의 보혈로 저희의 모든 죄를 씻기사, 다시금 주님과 부모님 앞에 정결한 자녀로 서게 하여 주옵소서.

간구와 중보 이 땅의 모든 부모님들을 위해 기도합니다. 연로하신 부모님들의 육신을 강건하게 붙들어 주시고, 남은 생애가 주님의 평강과 은혜 가운데 더욱 복되고 아름답게 하옵소서. 믿음의 부모님들께는 자녀들을 위해 쌓아온 기도의 열매를 보게 하시고, 아직 주님을 알지 못하는 부모님이 계시다면 저희를 통해 구원의 복음이 전해져 온 가족이 주님 안에서 하나 되는 기쁨을 누리게 하여 주시옵소서. 또한 저희 모든 자녀들이 지혜로운 자녀, 의로운 자녀가 되어 부모님을 즐겁게 해 드리는 삶을 살게 하옵소서.

이 시간 말씀을 들고 단 위에 세우신 목사님께 성령의 능력으로 함께하여 주옵소서. 선포되는 말씀을 통해 부모를 공경하라는 주님의 명령이 저희의 마음에 새겨지게 하시고, 그 말씀에 '아멘'으로 순종하며 살기로 다짐하는 시간이 되게 하여 주옵소서.

결단과 소망 이제 저희가 가정으로 돌아가, 오늘 받은 은혜를 사랑으로 실천하게 하옵소서. 작은 말 한마디, 따뜻한 눈빛 하나로 부모님을 즐겁게 해 드리고, 저희의 의롭고 지혜로운 삶을 통해 하나님께 영광 돌리는 자녀들이 되기로 결단합니다. 그리하여 저희 모든 가정이 세상의 풍파 속에서도 흔들리지 않는 믿음의 명문 가문으로 굳건히 서 가게 하여 주시옵소서. 예수 그리스도의 이름으로 기도드렸습니다. 아멘.

말씀을 가르치는 자와 함께, 모든 좋은 것을 나누게 하소서

"가르침을 받는 자는 말씀을 가르치는 자와 모든 좋은 것을 함께 하라 스스로 속이지 말라 하나님은 업신여김을 받지 아니하시나니 사람이 무엇으로 심든지 그대로 거두리라" (갈라디아서 6:6-7)

감사와 찬양 우리의 참된 스승이 되시며, 진리의 말씀으로 영혼의 길을 밝히시는 하나님 아버지. 저희를 어둠 가운데 버려두지 아니하시고, 생명의 말씀을 허락하사 구원의 길을 알게 하시니 감사드립니다. 또한 저희의 믿음의 여정에 신실한 영적 스승들을 보내주시어, 그들의 가르침과 기도를 통해 저희를 양육하고 이끌어 주셨음에 감사와 찬양을 올려드립니다. 오늘 스승의 주일을 맞아, 가르치는 자와 가르침을 받는 자가 한마음으로 주님께 예배하며, 주님의 이름에 합당한 영광을 돌리게 하여 주시옵소서.

회개와 고백 자비로우신 하나님, 이 시간 저희의 미련함과 교만을 회개합니다. 저희는 가르침을 받는 것을 가벼이 여기고, 저희를 위해 기도하며 애쓰는 영적 스승들의 수고를 당연하게 생각했습니다. '모든 좋은 것을 함께 하라'는 주님의 명령에 순종하기보다, 저희의 시간과 마음을 드리는 일에 인색했습니다. 때로는 저희의 교만한 마음으로 가르침을 비판하고 순종하지 않았던 죄를 용서하여 주시옵소서. 불꽃같은 눈동자로 저희의 중심을 보시는 주님 앞에, 겸손히 말씀을 받는 청지기로 다시 서게 하여 주시옵소서.

간구와 중보 이 시간, 저희 교회의 모든 영적 스승들을 주님의 손에 올려 드립니다. 밤낮으로 말씀을 묵상하며 영혼을 위해 기도하시는 목사님과, 사랑으로 다음 세대를 섬기는 각 부서의 모든 교사들, 그리고 삶의 자리에서 믿음의 본을 보이는 모든 직분자들에게 성령의 지혜와 능력을 부어주시옵소서. 지치지 않는 열정으로 말씀을 가르치게 하시고, 영혼을 향한 사랑의 마음이 결코 식지 않게 하여 주옵소서. 그들의 가정과 삶에도 주님의 위로와 축복이 늘 함께하게 하옵소서.

또한, 가르침을 받는 저희 모두에게는 겸손하고 온유한 마음을 허락하여 주시옵소서. 선포되는 말씀을 생명의 양식으로 받아 저희의 영혼이 살찌게 하시고, 그 말씀이 삶의 능력이 되어 주저앉은 자리에서 다시 일어서는 체험을 하게 하여 주옵소서.

결단과 소망 이제 저희 교회가 가르치는 자와 가르침을 받는 자가 서로 존중하고 사랑하며, 기도와 격려로 '모든 좋은 것을 함께 하는' 아름다운 공동체를 이루어 가게 하여 주시옵소서. 그리하여 저희 교회가 다음 세대를 믿음의 반석 위에 굳건히 세우고, 하나님 나라의 신실한 일꾼을 길러내는 축복의 통로가 되게 하여 주옵소서. 예수 그리스도의 이름으로 기도드렸습니다. 아멘.

5월 넷째주 [성령강림주일]

성령의 빛으로, 세상에 착한 행실을 비추게 하소서

"이같이 너희 빛이 사람 앞에 비치게 하여 그들로 너희 착한 행실을 보고 하늘에 계신 너희 아버지께 영광을 돌리게 하라" (마태복음 5:16)

감사와 찬양 저희와 영원토록 함께하시는 임마누엘 하나님. 오순절 마가의 다락방에 약속대로 성령을 보내 주사, 두려움에 떨던 제자들을 능력의 증인으로 변화시키시고 이 땅에 교회를 탄생시키신 주님을 찬양합니다. 오늘 저희에게도 동일한 성령을 부어 주사 하나님의 자녀 삼으시고, 세상의 빛으로 살아가게 하시니 감사드립니다. 이 시간, 성령의 감동과 감화로 이 자리에 모였사오니, 영과 진리로 드리는 저희의 예배를 기쁘게 받아 주시고 홀로 영광 받으시옵소서.

회개와 고백 성령의 하나님, 이 시간 저희의 죄를 고백합니다. 저희 안에 성령의 불을 모시고도, 저희는 그 불을 꺼뜨리며 세상의 냉랭함 속에 살았습니다. 성령의 능력을 의지하기보다, 저희 자신의 힘과 지혜를 의지하며 교만했습니다. 성령께서 맺게 하시는 사랑과 희락과 화평의 열매 대신, 저희의 둔한 양심과 이기심, 편협함으로 이웃에게 상처를 주었음을 용서하여 주시옵소서. 피었다가 지는 안개같이 저희의 죄를 도말하여 주시고, 성령의 불로 저희를 다시 태우사 정결하게 하여 주시옵소서.

간구와 중보 이 시간, 저희 교회 위에 다시 한번 오순절의 역사가 임하기를 기도합니다. 말씀을 들고 단 위에 서신 목사님께 성령의 기름을 부어 주사, 선포되는 말씀에 권능이 있게 하시고, 듣는 저희의 마음 밭이 옥토가 되어 말씀의 씨앗이 깊이 뿌리내리게 하옵소서. 잠자던 영혼은 깨어나고, 낙심한 자는 일어서며, 병든 자는 치유되는 성령의 역사가 예배 가운데 일어나게 하여 주시옵소서.

복음이 온 천하에 전파되길 원하시는 주님, 저희에게 성령의 권능을 더하사 땅끝까지 이르러 주님의 증인이 되는 사명을 감당하게 하옵소서. 저희의 삶이, 저희의 착한 행실이 세상에 비추는 빛이 되어, 아직 주를 알지 못하는 이웃들이 저희를 통해 하늘에 계신 아버지께 영광을 돌리게 하여 주시옵소서. 질병으로 고통받는 지체들에게 성령의 치유의 손길로 안수하여 주옵소서. 모든 아픔과 슬픔이 떠나가고, 그들의 삶에 온전한 회복과 평안을 허락하여 주시옵소서.

결단과 소망 이제 저희에게 다시 한번 성령의 불을 내려 주시옵소서. 그리하여 저희 교회가 초대교회와 같이 성령의 능력으로 충만해져, 담대히 복음을 전하고, 사랑으로 서로를 섬기며, 착한 행실로 하나님께 영광 돌리는 살아있는 공동체, 날마다 부흥하는 교회가 되게 하여 주시옵소서. 예수 그리스도의 이름으로 기도드렸습니다. 아멘.

역사의 주관자시여,
이 나라와 민족을 긍휼히 여기소서

"온 땅은 여호와를 두려워하며 세상의 모든 거민들은 그를 경외할지어다 그가 말씀하시매 이루어졌으며 명령하시매 견고히 섰도다" (시편 33:8-9)

감사와 찬양 나라를 세우기도 하시고 허물기도 하시며, 모든 역사를 주관하시는 살아계신 하나님 아버지. 수많은 외세의 침략과 동족상잔의 비극 속에서도 이 나라 이 민족을 눈동자와 같이 지켜주시고, 오늘 저희가 자유대한민국에서 주님을 예배하게 하시니 그 크신 은혜에 감사와 찬송을 올려드립니다. 특별히 조국을 위해 목숨 바친 호국영령들과 순국선열들의 숭고한 희생을 기억하며, 그들의 헌신 위에 저희가 서 있음을 고백합니다. 이 시간, 저희의 예배를 통해 모든 영광을 홀로 받아주시옵소서.

회개와 고백 긍휼의 하나님, 선조들이 피로 지켜낸 이 땅 위에서 저희는 그들의 희생을 잊고 살았음을 고백합니다. 저희는 자유를 당연한 것으로 여기고, 나라의 평화를 위해 기도하기보다 분열과 갈등을 일삼았습니다. 이웃을 사랑하라는 주님의 명령을 저버리고, 사회의 불의를 보면서도 침묵했던 저희의 죄악을 용서하여 주시옵소서. 이 나라의 죄악을 저희의 죄악으로 여기고 통회하오니, 주홍보다 붉은 저희의 모든 죄를 주님의 보혈로 깨끗이 씻어 주시옵소서.

간구와 중보 이 시간, 이 나라와 이 민족을 주님의 손에 올려드리며 간절히 기도합니다. 이 나라의 위정자들에게 하나님을 경외하는 마음과 지혜를 주사, 국민을 사랑으로 섬기게 하시고, 모든 백성이 이념과 세대의 갈등을 넘어 서로를 용납하며 하나가 되게 하여 주시옵소서. 다시는 이 땅에 전쟁의 비극이 일어나지 않도록 주님께서 친히 평화의 왕으로 다스려 주시고, 남과 북이 복음 안에서 평화적으로 통일되는 그날이 속히 오게 하여 주시옵소서.

말씀을 들고 강단에 서신 목사님을 성령의 권능으로 붙잡아 주시옵소서. 선포되는 말씀을 통해 저희가 이 나라를 향한 하나님의 뜻을 깨닫게 하시고, 하늘 시민으로서 이 땅을 어떻게 살아가야 할지 배우는 시간이 되게 하여 주옵소서. 그 말씀으로 저희의 상처 입은 영혼이 치유받고, 나라를 위해 기도할 새 힘을 얻게 하여 주시옵소서.

결단과 소망 이제 저희가 호국선열들의 숭고한 희생을 본받아, 이 나라를 위해 눈물로 기도하는 파수꾼이 되게 하여 주시옵소서. 더 이상 이 땅에 슬픔의 역사가 반복되지 않도록, 그리고 이 민족이 복음으로 하나 되어 세계 열방을 섬기는 제사장 나라가 되도록 저희의 삶을 드리기로 결단합니다. 오늘 드리는 이 예배가 그 거룩한 결단의 시작이 되게 하여 주옵소서. 예수 그리스도의 이름으로 기도드렸습니다. 아멘.

생명을 건 사랑, 감격의 예배로

"그러나 이제 그들의 죄를 사하시옵소서 그렇지 아니하시오면 원하건대 주께서 기록하신 책에서 내 이름을 지워 버려 주옵소서" (출애굽기 32:32)

감사와 찬양 저희의 참된 중보자가 되시는 하나님 아버지. 자기 백성의 죄를 대신하여 생명책에서 자신의 이름이 지워지기를 구했던 모세의 그 애타는 사랑을 통해, 저희를 향한 주님의 사랑이 얼마나 크고 놀라운지를 다시 한번 깨닫습니다. 모세는 그리 구하기만 하였으나, 주님께서는 실제로 죄인들과 함께 헤아림 받으시고 친히 나무에 달려 생명을 버리심으로 저희를 구원하셨나이다. 그 생명을 건 사랑으로 저희를 지키시고, 이 시간 예배의 자리로 불러주시니 감사와 영광을 올려드립니다.

회개와 고백 긍휼의 하나님, 주님의 그 위대한 사랑 앞에서 저희의 이기적인 모습을 고백합니다. 주님께서는 저희를 위해 모든 것을 내어주셨건만, 저희는 주님을 위해 작은 시간조차 드리기를 아까워했습니다. 주님의 뜻을 실천하기보다 저희 자신의 즐거움을 구하는 데에만 분주했습니다. 형제의 허물을 위해 내 생명을 내어놓기는커녕, 작은 손해조차 감수하지 않으려 했던 저희의 냉랭한 마음을 용서하여 주시옵소서. 이 죄인들을 위해 당신의 생명을 버리신 주님, 저희의 불충과 미지근한 신앙을 용서하여 주시고, 주님의 사랑으로 저희의 심장을 다시 뜨겁게 하여 주시옵소서.

간구와 중보 오늘 저희가 드리는 이 예배가 주님의 그 놀라운 희생에 대한 감격의 응답이 되게 하여 주시옵소서. 저희의 찬송과 기도가 하늘 보좌에 합당한 영광이 되기를 원하오니, 성령이여 이 시간 저희의 예배를 주관하여 주시옵소서.

강단에 세우신 목사님을 통해 생명의 말씀이 선포될 때, 저희의 심령이 활짝 열리게 하옵소서. 말씀을 통해 구원의 감격을 회복하게 하시고, 주님의 사랑에 빚진 자로서 어떻게 살아가야 할지 깨닫는 시간이 되게 하여 주시옵소서. 초대교회 성도들이 사도의 가르침을 받아 서로 교제하며 떡을 떼고 기도에 힘썼던 것처럼, 저희 교회 또한 그러한 사랑의 공동체가 되게 하여 주옵소서. 서로의 아픔을 위해 중보하며, 기쁨을 함께 나누고, 주님의 사랑 안에서 아름다운 믿음의 사귐을 이루어 가는 교회가 되게 하여 주시옵소서.

결단과 소망 이 시간, 저희 심령에 부흥의 불을 내려 주시옵소서. 저희 한 사람 한 사람이 먼저 주님의 그 생명을 건 사랑에 사로잡히게 하시고, 그 사랑을 동력으로 삼아 기도하며 헌신하게 하옵소서. 그리하여 저희 교회가 단순히 수적으로 성장하는 것을 넘어, 주님의 희생적인 사랑을 세상에 증거하는 능력 있는 공동체로 부흥하게 하여 주시옵소서. 그리하여 저희의 삶 가운데 성령의 풍성한 열매가 맺히게 하여 주옵소서. 예수 그리스도의 이름으로 기도드렸습니다. 아멘.

하늘 시민의 눈으로, 내 민족의 아픔을 보게 하소서

"내가 어찌 내 민족이 화 당함을 차마 보며 내 친척의 멸망함을 차마 보리이까 하니"
(에스더 8:6)

감사와 찬양 사랑의 하나님 아버지. 이 땅에 태어나게 하시고, 또한 하늘에 속한 거룩한 백성으로 불러주시니 감사드립니다. 위기의 순간에 "죽으면 죽으리이다"라는 믿음으로 자기 민족을 위해 나아갔던 에스더와 같이, 저희 또한 이 땅을 살아가되 영원한 하나님 나라를 소망하는 백성으로 살게 하시니 그 은혜를 찬양합니다. 이 시간 드리는 예배를 통해 저희의 정체성을 다시 확인하고, 주님께만 합당한 영광을 돌리게 하여 주시옵소서.

회개와 고백 긍휼의 하나님, 이 시간 저희의 무관심과 나태함을 회개합니다. "내 민족이 화 당함을 차마 어찌 보리이까" 하며 눈물로 기도했던 에스더와 달리, 저희는 이 나라와 민족의 아픔에 눈 감고 저희 자신의 안위만을 구했습니다. 하늘 시민이라는 거룩한 신분을 핑계 삼아, 이 땅의 백성으로서 져야 할 책임과 기도의 짐을 외면했습니다. 저희의 이기심과 영적인 나태함을 용서하여 주시옵소서. 주님의 보혈로 저희를 깨끗하게 하사, 다시금 나라와 이웃을 품고 기도하는 거룩한 백성으로 세워 주시옵소서.

간구와 중보 이 시간, 저희가 두 발을 딛고 살아가는 이 나라와 민족을 위해 기도합니다. 저희에게 에스더와 같은 마음을 주사, 이 민족의 죄악과 아픔을 끌어안고 눈물로 기도하게 하옵소서. 위정자들에게 지혜를 주시고, 국민에게는 하나 되는 마음을 주사, 분열과 갈등의 상처가 아물고 화합과 평화의 꽃이 피게 하여 주시옵소서.

말씀을 들고 단 위에 서신 목사님을 성령의 능력으로 붙들어 주시옵소서. 선포되는 말씀을 통해 저희가 하늘 시민으로서 이 땅을 어떻게 살아가야 할지 깨닫게 하시고, 흔들리지 않는 믿음 위에 굳게 서는 시간이 되게 하여 주옵소서. 또한, 교회를 위해 헌신하는 제직들을 기억하여 주옵소서. 목회자를 돕고 성도들을 섬기는 그들의 봉사 위에 주님의 기름 부으심이 있게 하시고, 그들의 수고를 통해 주님의 몸 된 교회가 더욱 강건하게 세워지게 하옵소서.

더 나아가, 자신의 민족을 넘어 온 열방을 가슴에 품고 복음을 전하는 선교사님들과 그 가정을 지켜주시옵소서. 언어와 문화가 다른 곳에서 겪는 모든 어려움 가운데 주님께서 친히 위로와 능력이 되어 주시고, 그들의 사역을 통해 하나님의 나라가 온 땅에 확장되게 하여 주시옵소서.

결단과 소망 이제 저희가 더 이상 이 땅의 문제에 방관자로 머물지 않고, 하늘 시민의 권세와 책임을 가지고 기도하며 행동하게 하옵소서. 저희의 삶이 이 땅에 하나님 나라를 이루어가는 거룩한 통로가 되게 하시고, 썩어질 세상 나라가 아닌 영원한 하나님 나라를 소망하며 살아가는 주님의 신실한 백성이 되게 하여 주시옵소서. 예수 그리스도의 이름으로 기도드립니다. 아멘.

전쟁을 그치게 하시는 주님, 이 땅에 긍휼을 베푸소서

"와서 여호와의 행적을 볼지어다 그가 땅을 황무지로 만드셨도다 그가 땅 끝까지 전쟁을 쉬게 하심이여 활을 꺾고 창을 끊으며 수레를 불사르시는도다" (시편 46:8-9)

감사와 찬양 우리의 피난처시요 힘이시며, 환난 중에 만날 큰 도움이 되시는 하나님 아버지. 죄와 사망의 법에서 저희를 해방시켜 주시고, 세상이 줄 수 없는 참된 평강을 허락하시니 감사드립니다. 특히 땅끝까지 전쟁을 그치게 하시는 주님의 주권을 믿고, 분단된 조국의 아픔 속에서도 주님을 예배할 수 있는 은혜를 주심에 감사와 영광을 올려드립니다. 이 시간 저희의 예배를 통해 이 땅의 유일한 소망은 오직 주님뿐임을 고백하게 하여 주시옵소서.

회개와 고백 긍휼의 하나님, 이 시간 저희의 죄를 고백합니다. 저희의 교만과 탐욕이 이 땅에 동족상잔의 비극을 불러왔음을 회개합니다. 아직도 저희 마음속에 깊이 뿌리내린 미움과 불신, 이웃을 향한 무관심과 편협함을 용서하여 주시옵소서. 이 땅의 분단의 아픔을 끌어안고 눈물로 기도하지 못했던 저희의 연약한 마음을 불쌍히 여기시고, 긍휼을 베풀어 주시옵소서. 주님의 십자가 사랑으로 저희의 모든 죄와 허물을 용서하시고, 원수까지도 사랑하라 하신 주님의 마음을 저희에게 부어주시옵소서.

간구와 중보 평화의 왕이신 주님, 이 나라 이 민족을 긍휼히 여겨주시옵소서. "활을 꺾고 창을 끊으며 수레를 불사르시는" 주님의 능력으로, 남과 북을 가로막은 철책과 이념의 장벽을 허물어 주시옵소서. 이 땅의 지도자들에게 지혜와 평화를 사랑하는 마음을 주시고, 더 이상 서로를 향한 위협과 갈등이 아닌, 상생과 화합의 길로 나아가게 하여 주옵소서. 전쟁의 상처로 아직도 고통받는 이들과, 사랑하는 가족을 그리워하는 이산가족들의 눈물을 닦아 주시옵소서.

오늘도 단 위에 세우신 목사님을 통해 생명의 말씀을 선포하실 때, 저희의 영혼이 소생하게 하여 주옵소서. 말씀을 통해 이 민족을 향한 주님의 뜻을 깨닫게 하시고, 절망적인 상황 속에서도 오직 하나님만을 의지하며 평화를 위해 기도하는 저희가 되게 하여 주옵소서.

결단과 소망 이제 저희가 먼저 주님의 평화의 도구가 되게 하여 주시옵소서. 저희의 가정에서부터, 교회에서부터, 용서와 화해를 실천하게 하옵소서. 그리하여 이 땅의 모든 전쟁과 다툼이 그치고, 오직 하나님의 평화와 사랑만이 가득한 그날을 소망하며 기도하는 저희가 되게 하여 주시옵소서. 예수 그리스도의 이름으로 기도드렸습니다. 아멘.

이 땅의 시민, 하늘의 파수꾼으로 살게 하소서

"각 사람은 위에 있는 권세들에게 복종하라 권세는 하나님으로부터 나지 않음이 없나니 모든 권세는 다 하나님께서 정하신 바라" (로마서 13:1)

감사와 찬양 영원하신 하나님, 만세 전부터 홀로 계시며 온 우주와 열방을 다스리시는 주님의 이름을 찬양합니다. 모든 권세가 주님께로부터 나오며, 주님의 손에 온 세상 나라들의 흥망성쇠가 달려있음을 믿습니다. 이 땅에 나라를 세우시고 질서를 허락하사 저희가 평안히 주님을 예배하게 하시니 감사드립니다. 저희를 자녀 삼으시고 믿음과 소망, 사랑으로 살아가도록 보호해 주시는 하나님의 은혜에 영광을 돌립니다.

회개와 고백 권세의 주관자이신 주님, 이 시간 저희의 죄를 고백합니다. 저희는 세상 권세를 두려워하며 하나님의 절대 주권을 잊을 때가 많았고, 반대로 하나님의 백성이라는 이유로 세상의 질서를 무시하며 교만할 때도 있었습니다. 나라를 위해 기도하는 시민의 책임을 게을리했으며, 주님께 드려야 할 영광을 저희의 공으로 돌리고 감사를 잊었습니다. 주님의 보혈로 저희의 어리석음을 씻어주시고, 하늘의 시민과 이 땅의 시민으로서 균형 잡힌 믿음의 삶을 살도록 저희를 다시 세워주시옵소서.

간구와 중보 이 시간, 주님의 이름으로 이 나라와 위정자들을 위해 기도합니다. 이 땅의 지도자들이 자신의 권세가 하나님으로부터 왔음을 깨닫고, 겸손과 정의와 공의로 나라를 다스리게 하여 주시옵소서. 그리하여 이 땅에 하나님의 의로우심이 강물처럼 흐르고, 모든 백성이 평안을 누리게 하여 주옵소서.

말씀을 듣고 단 위에 서신 목사님을 성령의 능력으로 붙들어 주시옵소서. 선포되는 말씀을 통해, 저희가 이 땅의 시민으로서 어떻게 살아야 하며, 하늘의 백성으로서 무엇을 소망해야 하는지 분명히 깨닫게 하여 주옵소서.

진리의 말씀에 순종함으로 저희의 삶 곳곳에서 빛과 소금의 열매를 맺게 하여 주시옵소서. 또한 저희 모두가 복음의 파수꾼이 되기를 원합니다. 성령의 권능을 받아 예루살렘과 온 유대와 사마리아와 땅끝까지 이르러 그리스도의 증인이 되리라는 주님의 말씀을 삶으로 살아내게 하옵소서.

결단과 소망 이제 저희가 세상 속으로 나아갑니다. 이 땅의 법을 존중하는 선한 시민이 되게 하시고, 동시에 그 법을 넘어서는 하나님의 사랑과 공의를 실천하는 하늘의 백성이 되게 하여 주시옵소서. 그리하여 저희의 삶을 통해 이 땅에 하나님의 뜻이 이루어지며, 모든 권세 위에 뛰어나신 우리 주님의 이름만이 영광 받으시게 하여 주옵소서. 예수 그리스도의 이름으로 기도드렸습니다. 아멘.

사모하는 영혼을 채우시는 하나님, 감사로 예배합니다

"여호와의 인자하심과 인생에게 행하신 기적으로 말미암아 그를 찬송할지로다 그가 사모하는 영혼에게 만족을 주시며 주린 영혼에게 좋은 것으로 채워주심이로다" (시편 107:8-9)

감사와 찬양 만복의 근원이 되시는 하나님 아버지. 한 해의 절반을 은혜 가운데 지켜주시고, 푸른 밭의 첫 소출을 거두게 하시니 감사합니다. 그리고 맥추감사주일로 주님 앞에 나아와 예배하게 하시니 감사드립니다. 땀 흘린 수고가 열매를 맺게 하시는 것도 주님의 은혜요, 메마른 영혼에 생명의 양식을 채워주시는 것도 주님의 은혜임을 고백합니다. 저희의 삶을 가장 좋은 것으로 채우시는 주님의 인자하심과 그 놀라운 기적을 이 시간 소리 높여 찬양합니다.

회개와 고백 사랑의 주님, 저희의 배은망덕함을 고백합니다. 주님께서는 지난 시간, 셀 수 없는 은혜로 저희의 삶을 채워주셨건만, 저희는 열 명의 나병환자 중 돌아오지 않은 아홉 명처럼 그 은혜를 당연하게 여기고 감사를 잊고 살았습니다. 저희의 빈 잔이 채워졌을 때 주님을 찬양하기보다 교만했고, 주린 영혼이 만족을 얻었을 때 주님께 영광 돌리기보다 저희의 공로를 내세웠습니다. 저희의 무딘 마음과 쉽게 잊어버리는 어리석음을 용서하여 주시옵소서. 이 시간, 저희의 허영과 시기, 미움의 죄를 회개하오니, 주님의 보혈로 저희를 정결하게 하사 오직 감사로만 주님 앞에 서게 하여 주옵소서.

간구와 중보 오늘 저희가 드리는 이 예배가 율법에 얽매인 의무가 아니라, 거저 받은 하나님의 은혜에 감격하여 드리는 기쁨의 축제가 되게 하여 주시옵소서. 저희의 찬양과 기도, 그리고 마음을 담아 드리는 예물이, 돌아와 감사했던 한 명의 나병환자처럼 주님을 기쁘시게 하는 향기로운 제물이 되게 하여 주옵소서.

생명의 떡이 되시는 주님, 단 위에 세우신 목사님을 통해 말씀을 선포하실 때, 저희의 영혼이 배부르는 은혜를 경험하게 하여 주시옵소서. 말씀을 통해 저희가 받은 은혜를 헤아려보게 하시고, 그 은혜를 어떻게 나누며 살아야 할지 깨닫는 시간이 되게 하옵소서. 그리하여 저희가 받은 놀라운 사랑과 축복을 모든 이웃과 함께 나누는 복의 통로가 되게 하여 주옵소서.

결단과 소망 이제 한 해의 남은 절반을 시작합니다. 뜨거운 여름의 햇살이 만물에 생기를 더하듯, 저희의 영혼에 성령의 뜨거운 은혜를 부어주시옵소서. 메마른 땅이 단비를 기다리듯 저희의 심령이 주님의 말씀을 사모하게 하시고, 그 말씀으로 소생하여 남은 한 해도 감사와 찬양의 열매를 풍성히 맺는 저희가 되게 하여 주시옵소서. 하늘의 문을 여시고, 성령의 충만함을 부어주실 줄 믿습니다. 예수 그리스도의 이름으로 기도드렸습니다. 아멘.

남을 대접하라 하신 주님, 그 사랑을 실천하게 하소서

"그러므로 무엇이든지 남에게 대접을 받고자 하는 대로 너희도 남을 대접하라 이것이 율법이요 선지자니라" (마태복음 7:12)

감사와 찬양 인자와 진실이 풍성하신 하나님 아버지. 저희의 죄를 따라 대접하지 아니하시고, 오직 주님의 무한하신 사랑과 긍휼로 저희를 먼저 품어주시고 자녀 삼아주시니 감사드립니다. 저희에게 이웃을 허락하시고, 거룩한 교회 공동체 안에서 함께 예배하며 서로 사랑하는 기쁨을 누리게 하시니 그 이름에 합당한 영광과 찬송을 올려드립니다. 이 시간, 저희의 예배가 주님께서 먼저 보여주신 그 사랑에 대한 작은 응답이 되게 하여 주시옵소서.

회개와 고백 사랑의 주님, 이 시간 저희의 이기적인 마음을 고백합니다. 저희는 남에게 대접받기만 원했지, 먼저 남을 대접하는 일에는 인색했습니다. 저희 눈에 있는 교만의 들보는 보지 못한 채, 형제의 눈에 있는 작은 티를 빼려 하며 쉽게 비판하고 정죄했습니다.
저희의 완고한 아집으로 사랑하는 지체들의 마음에 상처를 주고, 하나 되지 못하게 했던 모든 분열의 죄를 용서하여 주시옵소서. 주님의 사랑으로 하나 되어야 할 저희가 세상의 방식대로 서로를 대했던 어리석음을 회개하오니, 저희 마음을 새롭게 하여 주옵소서.

간구와 중보 이 시간, 저희의 마음이 주님의 마음을 닮아가기를 원합니다. 섬김 받기보다 섬기기를 기뻐하는 마음을 주시고, 판단하기보다 먼저 이해하고 끌어안는 넓은 마음을 허락하여 주시옵소서. 성령께서 저희 안에 충만히 거하사, 저희의 모난 성품을 깎아내시고, 주님의 온유와 겸손을 배우게 하여 주옵소서. 그리하여 저희 교회가 서로의 짐을 져주고, 함께 울고 함께 웃어주는 참된 사랑의 공동체가 되게 하여 주옵소서.

단 위에 세우신 목사님을 통해 생명의 말씀을 선포하실 때, 저희의 굳은 마음이 녹아지게 하옵소서. '남을 대접하라'는 주님의 명령이 저희의 삶을 이끄는 원리가 되게 하시고, 그 말씀에 순종함으로 하나님의 나라를 저희의 삶 속에 이루어 가게 하여 주시옵소서.

.

결단과 소망 이제 예배를 마치고 각자의 삶의 자리로 돌아갑니다. 오늘 주신 말씀을 마음에 새기고 사랑을 실천하게 하여 주시옵소서. 저희의 가정이, 저희의 교회가 먼저 남을 대접하는 사랑의 공동체가 되게 하옵소서. 그리하여 세상이 저희의 모습을 보고, 이 안에 역사하시는 하나님의 뜨거운 사랑을 발견하며 주님께로 돌아오는 놀라운 역사가 일어나게 하여 주시옵소서. 예수 그리스도의 이름으로 기도드렸습니다. 아멘.

남을 윤택하게 하는 삶, 풍족한 은혜를 누리게 하소서

"구제를 좋아하는 자는 풍족하여질 것이요 남을 윤택하게 하는 자는 자기도 윤택하여 지리라" (잠언 11:25)

감사와 찬양 가장 좋은 것을 아낌없이 내어주시는 은혜의 하나님. 저희를 죄와 사망에서 건져주셨을 뿐만 아니라, 날마다 필요한 것을 공급하시고 풍족한 은혜를 누리게 하시니 감사드립니다. '남을 윤택하게 하는 자는 자기도 윤택하여지리라' 약속하신 주님의 말씀을 믿고, 저희 또한 주님의 그 풍성함을 세상에 흘려보내는 축복의 통로가 되기를 소망합니다. 이 시간, 저희의 예배를 통해 홀로 영광 받으시고 저희의 영혼을 새롭게 하여 주시옵소서.

회개와 고백 사랑의 주님, 이 시간 저희의 인색함과 이기심을 회개합니다. 주님께서는 저희에게 모든 좋은 것을 아낌없이 주셨건만, 저희는 주님께서 주신 시간과 재물, 은사를 저희 자신만을 위해 쌓아두었습니다. 남을 윤택하게 하기보다 나의 유익을 먼저 계산했고, 이웃의 필요에 마음을 열기보다 야박하게 외면했습니다. 둔감한 양심으로 죄를 멀리하지 못하고, 하나님의 영광보다 나의 만족을 앞세웠던 모든 어리석음을 용서하여 주시옵소서.

저희의 닫힌 마음을 여시고, 풍성한 사랑으로 다시 채워주시옵소서.

간구와 중보 이 시간, 저희 교회가 섬김과 봉사를 통해 더욱 든든히 세워지기를 기도합니다. 드러나지 않는 곳에서 빛도 없이 이름도 없이 헌신하는 손길들을 기억하여 주옵소서. 그들의 아름다운 봉사를 통해 교회가 사랑의 공동체로 소문나게 하시고, 주님의 몸이 더욱 강건하게 세워져 가게 하여 주옵소서. 말씀을 듣고 단 위에 서신 목사님께 성령의 능력을 더하여 주시옵소서. 선포되는 말씀을 통해 저희의 이기적인 마음이 깨어지게 하시고, 섬김과 나눔의 삶을 살기로 결단하는 시간이 되게 하여 주옵소서.

그 말씀이 저희 마음 밭에 깊이 심겨, 30배, 60배, 100배의 아름다운 열매를 맺게 하여 주옵소서. 마침 제헌절을 지나는 주간입니다. 이 나라의 지도자들이 사리사욕이 아닌, 국민을 윤택하게 하는 섬김의 정신으로 나라를 이끌게 하여 주옵소서. 저희 또한 이 땅의 법을 존중하는 선한 시민이 되게 하시고, 더 나아가 그 법을 넘어서는 하나님의 사랑의 법을 실천하며 살게 하여 주시옵소서.

결단과 소망 이제 저희가 받은 은혜를 세상에 흘려보내는 축복의 통로가 되기를 결단합니다. 작은 섬김과 봉사를 통해 저희의 가정이, 교회가, 그리고 이 사회가 더욱 풍족해지고 윤택해지는 것을 보게 하여 주시옵소서. 그리하여 저희의 착한 행실을 통해 하늘에 계신 아버지께서 영광 받으시는 복된 삶을 살게 하여 주옵소서. 예수 그리스도의 이름으로 기도드렸습니다. 아멘.

만방의 소망이신 주님,
모든 민족이 주를 찬송하게 하소서

"하나님이여 민족들이 주를 찬송하게 하시며 모든 민족으로 주를 찬송하게 하소서"
(시편 67:5)

감사와 찬양 하늘에 계셔서 저희의 모든 기도와 간구를 들으시는 자비의 하나님. 한 개인의 구원을 넘어 온 열방이 주께 돌아오기를 원하시는 주님의 그 넓고 크신 마음에 감사와 찬송을 올려드립니다. 저희의 작은 마음속에 먼저 하나님 나라를 이루어 주시고, 더 나아가 온 땅에 주님의 나라가 임하기를 기도하는 거룩한 소망을 주시니 감사드립니다. 이 시간 저희의 마음을 담은 향유 옥합을 깨뜨려, 주님의 발 앞에 부어드리는 거룩한 예배가 되게 하여 주시옵소서.

회개와 고백 온 민족이 주께 돌아오기를 원하시는 주님, 이 시간 저희의 좁은 마음과 편협함을 회개합니다. 저희는 저희 자신의 구원에만 만족하고, 아직 복음을 듣지 못한 채 죽어가는 수많은 영혼들에게 무관심했습니다. '내 이웃을 사랑하라' 하신 말씀을 가까운 이들에게만 한정하고, 다른 민족과 문화를 가진 이들을 품지 못했습니다. 원수마저 사랑으로 대하기보다 미움으로 대했던 저희의 연약한 의지를 주님 앞에 내어놓사오니, 주님의 사랑으로 저희 마음을 넓혀 주시고 새롭게 하여 주시옵소서.

간구와 중보 이 시간, 모든 민족과 열방을 위해 기도합니다. 아직도 어둠 속에서 신음하는 민족들에게 구원의 빛을 비추어 주시옵소서. 복음을 전하기 위해 자신의 삶을 드린 선교사님들과 그 가정 위에 함께하여 주시고, 핍박과 환난 속에서도 믿음을 지키는 교회들을 강하게 붙들어 주시옵소서. 그리하여 온 땅의 모든 족속들이 주의 이름 앞에 무릎을 꿇고, 모든 입술이 주님을 찬양하는 그날이 속히 오게 하여 주옵소서.

이 위대한 사명을 위해, 먼저 저희 교회를 사용하여 주시옵소서. 단 위에 세우신 목사님께서 말씀을 선포하실 때, 저희의 가슴에 세계를 품는 비전을 심어주시고, 땅끝까지 복음의 증인이 될 거룩한 열정을 회복시켜 주시옵소서. 또한, 저희 가운데 육체적, 정신적 아픔으로 힘들어하는 지체들을 기억하여 주옵소서. 성령의 권능으로 치료하여 주시고, 그들의 심령에 하늘의 위로와 평안을 부어 주사, 그들의 회복이 살아계신 하나님의 능력을 증거하는 간증이 되게 하여 주옵소서.

결단과 소망 이제 저희가 이 예배의 자리를 넘어, 온 세상을 가슴에 품는 교회가 되게 하여 주시옵소서. 저희의 기도가, 저희의 헌신이, 저희의 삶이 '모든 민족으로 주를 찬송하게 하는' 위대한 일에 쓰임 받게 하여 주시옵소서. 그리하여 온 땅이 주님의 영광을 인정하고 그 이름 앞에 무릎 꿇는 그날을 앞당기는 저희가 되게 하여 주옵소서. 예수 그리스도의 이름으로 기도드렸습니다. 아멘.

측량할 수 없는 사랑,
하나님의 충만하심으로 채우소서

"그 너비와 길이와 높이와 깊이가 어떠함을 깨달아 하나님의 모든 충만하신 것으로 너희에게 충만하게 하시기를 구하노라" (에베소서 3:19)

감사와 찬양 저희의 의지처 되시는 하나님 아버지. 저희를 악인의 꾀와 행실로부터 건져주시고, 그리스도 예수 안에서 측량할 수 없는 구원의 은혜를 베풀어주시니 찬송을 드립니다. 텅 비었던 저희의 삶에 찾아오사, 당신의 모든 충만하신 것으로 채우기를 원하시는 그 놀라운 사랑을 찬양합니다. 이 시간, 저희의 영혼을 가득 채우시는 성령의 임재를 사모하며, 온 마음과 정성을 다해 주님을 예배하게 하여 주시옵소서.

회개와 고백 전능하신 주님, 저희의 텅 빈 마음을 주님 앞에 고백합니다. 주님께서는 저희를 당신의 충만함으로 채우기 원하셨으나, 저희는 세상의 헛된 것들로 저희의 마음을 채우기에 급급했습니다. 저희의 지식과 경험을 의지하며 스스로 만족하려 했고, 주님의 사랑의 너비와 길이와 높이와 깊이를 깨닫기보다 세상의 성공과 쾌락을 더 사모했습니다. 주님의 충만하심을 구하지 않고 저희 힘으로 살려 했던 교만을 용서하여 주시옵소서.

이 시간, 더러워진 저희의 심령을 예수 그리스도의 보혈로 깨끗하게 씻어 주시옵소서.

간구와 중보 이 시간, 저희가 하나님의 모든 충만하신 것으로 채워지기를 간절히 기도합니다. 먼저 저희를 가르치셔서 기도하는 자녀가 되게 하여 주시옵소서. 아침 해를 보기 전에 무릎 꿇어 주님의 충만하심을 구하게 하시고, 저희 힘으로 무엇을 이루려는 착각에서 벗어나 오직 성령의 충만함을 의지하는 겸손을 배우게 하옵소서.

단 위에 세우신 목사님을 통해 생명의 말씀이 선포될 때, 저희의 지혜와 지식이 아닌 하나님의 무한하신 사랑과 능력을 깨닫는 시간이 되게 하옵소서. 그 말씀을 통해 저희의 마음이 넓어지고 깊어져, 하나님의 충만하심을 담아내는 거룩한 그릇으로 빚어지게 하여 주옵소서. 마음을 다해 찬양하는 성가대의 노래가 저희 모두의 신앙 고백이 되어 주님께 올려지게 하옵소서.

결단과 소망 불볕더위가 기승을 부리는 이 여름에, 세상의 갈증으로 메마르는 것이 아니라 오히려 주님을 향한 저희의 열정이 더욱 뜨거워지게 하여 주시옵소서. 저희의 심령이 성령의 시원한 바람으로 새롭게 되고, 하나님의 모든 충만하신 것으로 채워져, 어떠한 상황 속에서도 감사와 찬양이 넘치는 복된 삶을 살게 하여 주시옵소서. 예수 그리스도의 이름으로 기도드렸습니다. 아멘.

강한 손과 펴신 팔로 이 민족을
구원하신 하나님

"이스라엘을 그들 중에서 인도하여 내신 이에게 감사하라 그 인자하심이 영원함이로 다 강한 손과 펴신 팔로 인도하여 내신 이에게 감사하라 그 인자하심이 영원함이로다"
(시편 136:11-12)

감사와 찬양 역사의 주관자시며, 억압받는 자를 해방시키시는 하나님 아버지. 옛적 애굽의 종살이에서 신음하던 이스라엘 백성을 강한 손과 펴신 팔로 인도하여 내셨듯, 일제의 압제 아래에서 고통받던 이 민족의 신음 소리를 들으시고 마침내 광복 80주년의 기쁨을 맞게 하시니 그 크신 은혜를 찬양합니다. 나라를 잃은 슬픔 속에서도 독립을 위해 목숨을 바쳤던 믿음의 선조들의 기도를 들으시고, 이 땅에 자유를 허락하신 주님의 인자하심에 감사와 영광을 올려드립니다.

회개와 고백 자비의 하나님, 이 시간 저희의 죄를 회개합니다. 주님께서 피로 값 주고 되찾아주신 이 땅에서, 저희는 해방의 기쁨을 주신 하나님께 온전히 돌아오지 못했습니다. 나라의 자유를 누리면서도, 아직도 죄와 우상에 묶여 신음하는 이웃들에게 복음의 해방을 전하는 일에는 게을렀습니다. 이 땅의 진정한 광복은 모든 백성이 주께 돌아와 예배하는 것임을 알면

74

서도, 그 사명을 감당하지 못했던 저희의 안일함을 용서하여 주시옵소서. 주님의 사랑으로 저희를 다시 일으키사, 복음의 빚진 자로서의 사명을 감당하게 하여 주옵소서.

간구와 중보 이 시간, 이 나라와 이 민족을 위해 간절히 기도합니다. 저희에게 허락된 해방이 단지 정치적 자유에만 머무르지 않고, 모든 백성이 죄와 죽음으로부터 해방되는 영적 광복으로 이어지게 하여 주시옵소서. 아직도 분단의 아픔 속에 있는 이 땅을 긍휼히 여겨 주사, 남과 북이 복음 안에서 하나가 되는 진정한 해방의 날을 허락하여 주옵소서.

말씀을 듣고 단 위에 서신 목사님께 성령의 권능을 더하여 주시옵소서. 선포되는 말씀을 통해 이 민족을 향한 하나님의 사랑과 계획을 깨닫게 하시고, 그 말씀이 저희 마음 밭에 심겨 나라와 민족을 위해 기도하는 열매를 맺게 하여 주옵소서. 저희의 눈물 어린 기도를 들으시고 응답하여 주실 줄 믿습니다.

결단과 소망 이제 저희가 먼저 진정한 해방을 경험한 자로서, 이 땅에 참된 자유를 선포하는 증인이 되게 하여 주시옵소서. 저희의 삶이, 저희의 착한 행실이, 저희가 전하는 복음이 이 민족을 묶고 있는 모든 어둠의 사슬을 끊는 주님의 강한 손과 펴신 팔이 되게 하여 주시옵소서. 그리하여 남과 북, 이 민족의 모든 백성이 함께 주님을 찬양하는 진정한 광복의 그날이 오게 하여 주옵소서. 예수 그리스도의 이름으로 기도드렸습니다. 아멘.

영광의 풍성함으로, 우리 속사람을 강건하게 하소서

"그의 영광의 풍성함을 따라 그의 성령으로 말미암아 너희 속사람을 능력으로 강건하게 하시오며" (에베소서 3:16)

감사와 찬양 사랑과 은혜가 풍성하신 하나님 아버지. 측량할 수 없는 영광의 풍성함으로 저희를 다스리시고, 저희의 모든 필요를 채우시는 주님의 이름을 송축합니다. 저희를 죄와 모든 불법에서 구속하시고 주 예수님의 보혈로 깨끗하게 하사, 하나님의 자녀가 되는 권세를 주셨으니 감사드립니다. 해가 뜨는 데부터 지는 데까지, 영원토록 찬양받으시기에 합당하신 주님께 저희의 모든 경배를 올려드립니다.

회개와 고백 전능하신 주님, 이 시간 주님의 영광 앞에 저희의 연약함을 고백합니다. 물고기가 물속에 있음을 잊지 않건만, 저희는 영광의 풍성함 속에 살면서도 늘 가난한 자처럼 살았습니다. 하나님의 무한한 능력을 의지하기보다 저희의 연약한 힘에 절망했고, 주님의 깊은 지혜를 구하기보다 저희의 얕은 생각에 갇혀 있었습니다. 욕심에 집착하여 하나님을 잊고, 옛사람의 행실을 즐거워했던 저희의 어리석음을 용서하여 주시옵소서. 저희의 속사람이 얼마나 연약하고 보잘것없는지 이 시간 주님 앞에 정직하게 아뢰오니, 긍휼히 여겨주시옵소서.

간구와 중보 이 시간, 저희의 속사람이 주님의 능력으로 강건하여지기를 기도합니다. 단 위에 세우신 목사님께서 말씀을 선포하실 때, 성령의 능력을 부어 주시옵소서. 그 말씀을 통해 하나님의 영광의 풍성함이 어떠한지를 저희가 깨닫게 하시고, 저희의 심령이 그 은혜로 채워져 다시 일어서는 역사가 있게 하여 주옵소서.

주님의 몸 된 교회를 위해 헌신하는 제직들을 위해 기도합니다. 저희 직분자들의 속사람을 먼저 능력으로 강건하게 하사, 사람의 힘이 아닌 성령의 능력으로 섬기게 하옵소서. 그들의 충성스러운 섬김을 통해 교회가 든든히 세워지고 모든 성도들이 기쁨을 얻게 하여 주옵소서.
또한, 복음을 위해 멀리 타국에서 애쓰는 선교사님들과 그 가정을 기억하여 주옵소서. 낯선 환경과 외로움 속에서 지치지 않도록, 날마다 성령으로 말미암아 그 속사람을 강건하게 붙들어 주시고, 모든 질병과 위험에서 지켜주시며 사역 위에 풍성한 열매를 맺게 하여 주시옵소서.

결단과 소망 이제 저희가 더 이상 저희의 연약함에 머물지 않고, 날마다 성령으로 말미암아 저희의 속사람이 능력으로 강건해지는 것을 경험하게 하여 주시옵소서. 그리하여 저희의 삶이 하나님의 영광의 풍성함을 세상에 드러내는 거룩한 통로가 되게 하시고, 어떤 시련 속에서도 넉넉히 이기는 주님의 강한 용사들이 되게 하여 주옵소서. 예수 그리스도의 이름으로 기도드렸습니다. 아멘.

거룩함을 온전히 이루어 주님을 닮게 하소서

"그런즉 사랑하는 자들아 이 약속을 가진 우리는 하나님을 두려워하는 가운데서 거룩함을 온전히 이루어 육과 영의 온갖 더러운 것에서 자신을 깨끗하게 하자" (고린도후서 7:1)

감사와 찬양 거룩하시고 자비로우신 하나님 아버지. 저희를 자녀 삼아주시고 하늘의 신령한 복을 약속하여 주신 그 크신 은혜에 감사드립니다. 죄로 인해 더러워질 수밖에 없는 저희를 날마다 말씀과 성령으로 깨끗하게 하시고, 하나님을 예배하는 영광스러운 자리로 불러주시니 그 사랑을 찬양합니다. 이 시간, 저희의 예배를 통해 모든 영광을 홀로 받으시고, 저희의 심령이 주님의 보혈로 정결케 되는 시간이 되게 하여 주시옵소서.

회개와 고백 거룩하신 주님 앞에 저희 육과 영의 온갖 더러운 것을 내어놓습니다. 저희는 주님을 경외하기보다 세상을 더 두려워했고, 거룩함을 온전히 이루기보다 세상의 즐거움과 타협하며 살았습니다. 저희의 말과 행동으로 불신앙의 모습을 보였고, 주님께서 주신 시간과 재물을 마치 제 것인 양 욕심부렸습니다. 저희의 더러워진 심령과 삶을 주님의 보혈로 씻어주시고, 죄에서 온전히 떠날 수 있는 용기와 결단을 허락하여 주시옵소서. 의의 옷을 입혀주시는 주님의 은혜를 간절히 구합니다.

간구와 중보 이 시간 저희 교회가 함께 거룩함을 이루어가는 공동체가 되기를 원합니다. 오늘 처음 저희와 함께 예배하는 새가족들을 환영하며 축복합니다. 이들이 교회 공동체 안에서 주님의 사랑을 느끼고, 함께 거룩함을 이루어가는 기쁨을 누리게 하여 주시옵소서.

단 위에 세우신 목사님께 성령의 능력을 부어 주사, 진리의 말씀을 담대히 선포하게 하여 주옵소서. 그 말씀이 저희의 죄를 드러내는 날카로운 검이 되게 하시고, 동시에 저희를 정결케 하시는 은혜의 샘물이 되게 하옵소서. 저희가 세상으로 나아갈 때, 깨끗해진 저희의 삶이 복음의 능력을 증거하게 하옵소서. 저희의 정직한 말과 거룩한 행실을 통해 사람들이 저희 안에 계신 주님을 보고 하늘 아버지께 영광을 돌리게 하여 주옵소서. 특별히 육신의 질병으로 고통받는 지체들을 기억하여 주옵소서. 그들의 병든 몸을 만져주시고, 그들의 심령에 위로와 평안을 주시며, 그들의 아픔을 통해 하나님의 선하신 일이 이루어지는 것을 보게 하여 주시옵소서.

결단과 소망 이제 저희가 이 약속을 가진 자로서, 하나님을 두려워하는 마음으로 거룩함을 온전히 이루어 가기로 결단합니다. 날마다 저희 자신을 쳐 복종시키고, 육과 영의 온갖 더러운 것에서 자신을 깨끗하게 하는 영적 싸움을 포기하지 않게 하여 주시옵소서. 그리하여 주님 다시 오시는 그날, 흠도 점도 없는 거룩한 신부로 주님 앞에 서는 저희 모두가 되게 하여 주시옵소서. 예수 그리스도의 이름으로 기도드렸습니다. 아멘.

열방을 품으시는 주님,
모든 민족이 주께 영광 돌리게 하소서

"이방인들도 그 긍휼하심으로 말미암아 하나님께 영광을 돌리게 하려 하심이라 기록
된 바 그러므로 내가 열방 중에서 주께 감사하고 주의 이름을 찬송하리로다 함과 같으
니라" (로마서 15:9)

감사와 찬양 은혜로우신 하나님 아버지. 주님의 긍휼하심이 한 사람, 한 민
족에게만 머무르지 아니하고 온 열방을 향하여 펼쳐지니 그 크고 넓으신
사랑을 찬양합니다. 자신과 가족밖에 모르던 저희의 눈을 열어 이웃을 보
게 하시고, 이제는 온 세계를 가슴에 품고 기도하게 하시니 감사드립니다.
유대인이나 이방인이나 차별 없이 그리스도 안에서 하나 되게 하시고, 모
든 민족이 함께 하나님께 영광 돌리게 하시는 그 놀라운 구원의 경륜을 경
배합니다.

회개와 고백 사랑의 하나님, 이 시간 저희의 닫힌 마음과 편협함을 회개합
니다. 저희는 '우리'라는 울타리를 만들어놓고, 그 밖의 사람들에게는 무관
심했습니다. 다른 민족과 문화를 가진 이들을 긍휼의 눈으로 보기보다, 편
견과 차별의 눈으로 바라보았습니다. 주님께서 온 열방을 품으셨건만, 저
희는 저희 자신만을 위한 복을 구하며 이기적으로 기도했습니다. 주님의

뜻대로 살지 못하고 저희의 감정과 생각에 따라 행했던 모든 죄를 용서하여 주시옵소서.

간구와 중보 이 시간, 주님의 마음으로 열방을 위해 기도합니다. 이 땅의 모든 지도자들이 하나님을 경외하게 하시고, 그들이 다스리는 나라와 백성을 위해 정의와 평화를 실현하게 하여 주시옵소서. 그리하여 모든 나라가 주님의 선하신 뜻 안에서 서로 협력하며, 복음이 전파되기에 합당한 터전을 이루게 하옵소서. 단 위에 세우신 목사님을 통해 생명의 말씀이 선포될 때, 저희의 시야가 넓어지게 하여 주시옵소서. 나를 향한 주님의 음성을 듣게 하시고, 더 나아가 온 세상을 향한 주님의 계획을 깨닫고 그 일에 동참하기로 결단하는 시간이 되게 하여 주옵소서. 저희 안에 성령의 충만함을 허락하사, 하나님의 뜻을 따르는 기쁨을 누리게 하여 주옵소서.
아직도 복음을 듣지 못한 채 신음하는 수많은 영혼들을 주님께 올려드립니다. 그들에게 복음을 전할 선교의 문을 활짝 열어주시고, 저희 교회가 그 사명을 감당하는 일에 마음과 물질을 다해 헌신하게 하여 주시옵소서.

결단과 소망 이제 저희 교회가 세상을 향해 열린 마음을 주신 그 뜻을 따라, 열방을 가슴에 품고 기도하는 교회가 되게 하여 주시옵소서. 영혼을 사랑하시는 주님의 마음을 받아, 저희의 삶이 이방인들도 하나님께 영광 돌리게 하는 거룩한 도구가 되게 하여 주옵소서. 그리하여 주님 오실 그날을 예비하며, 모든 민족과 함께 주를 찬송하는 그 영광스러운 날을 앞당기는 저희가 되게 하여 주시옵소서. 예수 그리스도의 이름으로 기도드렸습니다. 아멘.

내 영혼이 즐거워하리이다, 가을의 문턱에서 드리는 찬양

"내가 주를 찬양할 때에 나의 입술이 기뻐 외치며 주께서 속량하신 내 영혼이 즐거워하리이다" (시편 71:23)

감사와 찬양 저희의 찬양을 받으시기에 합당하신 하나님 아버지. 아침저녁 서늘한 바람으로 가을의 시작을 알리시는 주님, 계절의 변화 속에서도 변함없는 사랑으로 저희를 지키시고, 주님의 구속하신 은혜를 찬양하도록 이 거룩한 주일, 예배의 자리로 모으시니 감사드립니다. 죄와 허물로 죽었던 저희를 속량하시어 주님의 자녀 삼아주시고, 한 교회에서 한 가족으로 살아가게 하시니 그 사랑에 저희의 영혼이 기뻐 외치나이다.

회개와 고백 긍휼의 하나님, 이 시간 저희의 연약한 믿음을 고백합니다. 주께서 속량하신 저희의 영혼이 마땅히 주님으로 인해 즐거워해야 함에도, 저희는 세상의 염려와 헛된 욕심으로 인해 그 기쁨을 잃고 살았습니다. 부활의 능력을 믿고 담대하게 살기보다, 작은 시련 앞에서도 쉽게 흔들리고 방황했습니다. 저희의 연약한 믿음을 용서하여 주시고, 십자가의 감격과 부활의 기쁨을 저희 심령에 다시금 풍성히 채워주시옵소서.

간구와 중보 이 시간, 저희의 예배가 주님의 진리와 평화로 가득하기를 원합니다. 성령님께서 이 자리에 모인 저희의 마음을 주관하여 주사, 한마음과 한 입술로 주님께 영광 돌리게 하시고, 하나님을 향한 믿음 안에서 저희가 온전히 하나 됨을 경험하게 하여 주시옵소서.

사슴이 시냇물을 찾기에 갈급함같이 저희 영혼이 주님의 말씀을 사모합니다. 단 위에 세우신 목사님을 통해 생명의 말씀이 선포될 때, 저희의 메마른 심령이 채워지고, 그 말씀이 저희의 삶을 변화시켜 기쁨의 찬송이 터져 나오게 하는 능력이 되게 하여 주시옵소서. 그 말씀에 순종함으로 저희의 삶을 거룩하게 빚어가게 하옵소서.

결단과 소망 이제 풍성한 결실의 계절, 가을을 맞이하며 저희의 신앙도 새로운 다짐으로 열매 맺기를 소망합니다. 이 예배를 통해 경험한 구원의 기쁨을 가지고 각자의 삶의 자리로 돌아가게 하옵소서. 교회 공동체 안에서는 받은 사명을 힘써 감당하고, 세상 속에서는 빛과 소금의 역할을 감당하여, 저희의 삶 전체가 주께서 속량하신 영혼의 기쁜 찬양이 되게 하여 주시옵소서. 예수 그리스도의 이름으로 기도드렸습니다. 아멘.

선을 행함과 나누어 주기를,
하나님이 기뻐하시는 제사로

"오직 선을 행함과 서로 나누어 주기를 잊지 말라 하나님은 이같은 제사를 기뻐하시느니라" (히브리서 13:16)

감사와 찬양 선하신 하나님 아버지. 저희의 삶이 선을 행함과 서로 나누어 주는 거룩한 제사가 될 때, 그것을 가장 기뻐하시는 주님을 찬양합니다. 저희에게 먼저 흔들어 넘치도록 복을 부어주시고, 이제는 그 복을 나누어 주는 기쁨을 알게 하시니 그 선하심과 인자하심에 감사와 영광을 드립니다. 이 시간 저희의 예배가, 주님의 그 너그러우신 성품을 닮아가기로 결단하는 시간이 되게 하여 주시옵소서.

회개와 고백 긍휼의 하나님, 저희는 하나님께서 기뻐하시는 제사를 드리지 못했음을 고백합니다. 저희는 선을 행하고 나누어 주기를 잊어버리고, 저희의 시간과 재물을 저희 자신만을 위해 쌓아두었습니다. 저희는 저희의 판단과 고집대로 행하며, 이웃의 필요를 외면했습니다. 저희의 인색함과 이기심을 회개하오니 용서하여 주시고, 저희의 삶 전체가 주님께 드려지는 향기로운 제물이 되게 하여 주시옵소서.

간구와 중보 이 시간, 저희 교회가 하나님을 기쁘시게 하는 나눔의 공동체가 되기를 기도합니다. 말씀을 전하시는 목사님께 성령의 권능을 더하여 주시옵소서. 선포되는 말씀을 통해 저희가 하나님의 능력을 구하기에 앞서, 먼저 하나님의 선하심을 구하는 자들이 되게 하여 주시옵소서. 저희의 굳은 마음을 변화시키사, 나누는 것이 곧 하나님의 필요를 채우는 것임을 깨닫고, 기쁨으로 헌신하는 결단을 하게 하여 주옵소서.

교회의 모든 제직들과 봉사자들이, 저희가 받은 복을 이웃과 나누는 '나눔의 고리'가 되게 하여 주시옵소서. 그들의 헌신을 통해 저희 교회가 세상에 하나님의 선하심을 증거하는 통로가 되게 하여 주옵소서. 저희가 감당하는 세계 선교가, 저희가 가진 것을 나누어 땅끝까지 복음을 전하는 거룩한 제사가 되게 하여 주시옵소서.

결단과 소망 이제 저희가 선을 행함과 서로 나누어 주기를 잊지 않는 삶을 살기로 결단합니다. 저희의 남은 모든 삶이, 저희의 모든 헌신이, 하나님께서 기뻐하시는 거룩한 제사가 되게 하여 주시옵소서. 그리하여 저희의 나눔을 통해 이 땅에 하나님의 나라가 이루어지고, 저희의 선한 행실을 통해 저희의 양들의 큰 목자이신 주님께서 홀로 영광 받으시게 하여 주옵소서. 예수 그리스도의 이름으로 기도드렸습니다. 아멘.

풍성한 결실의 때에, 그리스도의 장성한 분량에 이르게 하소서

"우리가 다 하나님의 아들을 믿는 것과 아는 일에 하나가 되어 온전한 사람을 이루어 그리스도의 장성한 분량이 충만한 데까지 이르리니" (에베소서 4:13)

감사와 찬양 만복의 근원이 되시는 자비로우신 하나님 아버지. 오곡백과가 무르익는 풍성한 결실의 계절을 허락하시고, 민족의 명절인 추석을 맞아 감사와 기쁨으로 예배하게 하시니 감사드립니다. 저희가 땀 흘려 거둔 모든 것이 햇빛과 단비를 주관하시는 주님의 은혜였음을 고백합니다. 육의 양식뿐 아니라, 예수 그리스도를 통해 영원한 생명의 양식을 주시고 그리스도의 장성한 분량에 이르도록 저희를 자라게 하시니 그 크신 사랑을 찬송합니다.

회개와 고백 사랑의 주님, 이 시간 저희의 미성숙함을 고백합니다. 저희는 하나님의 아들을 믿는 것과 아는 일에 온전히 하나 되지 못하고, 여전히 자기중심적인 어린아이의 신앙에 머물러 있었습니다. 가족과 친지를 만나는 명절에, 그리스도의 사랑으로 품어주기보다 저희의 굳은 생각과 경솔한 말로 상처를 주었고, 믿지 않는 가족들 앞에서 온전한 사람의 향기를 드러내지 못했습니다.

헛된 우상을 섬기는 풍습을 안타까워하면서도, 정작 저희 마음속 깊은 곳에 있는 탐심이라는 우상은 깨닫지 못했던 죄를 용서하여 주시옵소서.

간구와 중보 이 시간, 저희의 모든 가정을 위해 기도합니다. 오랜만에 함께 모이는 가족과 친지들 가운데 주님의 평강이 넘치게 하여 주시옵소서. 저희 믿는 자들이 먼저 지혜로운 말과 겸손한 섬김으로 화평을 이루는 자들이 되게 하옵소서. 혹여 잘못된 우상 숭배의 관습 앞에서 믿음의 갈등을 겪는 지체들이 있사오면, 담대함과 지혜를 주사 거룩함을 지키면서도 사랑으로 복음을 전하는 기회로 삼게 하여 주시옵소서. 아직 주님을 알지 못하는 저희의 부모, 형제, 친지들의 마음을 열어주시어, 저희의 삶을 통해 살아계신 하나님을 만나게 하여 주옵소서.

단 위에 세우신 목사님께 성령의 능력을 더하여 주사, 오늘 선포되는 말씀을 통해 저희가 이 명절을 어떻게 보내야 할지, 그리스도인으로서 어떻게 성숙한 모습을 보여야 할지 깨닫게 하여 주시옵소서.

결단과 소망 이제 저희가 흩어져 가족과 친지를 만납니다. 이번 명절이 단순히 세상의 풍습을 따르는 시간이 아니라, 저희의 믿음이 자라나고 그리스도의 장성한 분량을 이루어가는 거룩한 기회가 되게 하여 주시옵소서. 저희의 성숙한 말과 행동을 통해 온 가족이 참된 복의 근원이신 하나님께로 돌아오게 되는 놀라운 역사를 이루어 주시옵소서. 예수 그리스도의 이름으로 기도드렸습니다. 아멘.

우리의 사도요 대제사장이신 예수를 깊이 생각하게 하소서

"그러므로 함께 하늘의 부르심을 받은 거룩한 형제들아 우리가 믿는 도리의 사도이시며 대제사장이신 예수를 깊이 생각하라" (히브리서 3:1)

감사와 찬양 겸손하고 통회하는 마음을 소생시키시는 하나님 아버지. 함께 하늘의 부르심을 받은 저희를 거룩한 형제로 삼아주시고, 이 시간 예배의 자리로 인도하시니 감사드립니다. 저희를 위해 친히 이 땅에 오신 우리의 사도이시며, 저희의 모든 죄를 짊어지신 영원한 대제사장이신 예수 그리스도의 이름을 송축합니다. 성령으로 말미암아 저희의 눈을 여시고, 믿음의 주이신 예수를 깊이 생각하는 복된 은혜를 허락하여 주시옵소서.

회개와 고백 거룩하신 주님, 저희의 분주했던 마음과 흔들리는 시선을 주님 앞에 내어놓습니다. 저희는 예수를 깊이 생각하기보다, 세상의 염려와 저희 자신을 더 깊이 생각하며 살았음을 고백합니다. 저희를 위해 피 흘리신 대제사장을 잊고, 저희의 힘으로 의로워지려 애쓰며 교만했습니다. 저희에게 진리를 전해주신 사도를 외면하고, 세상의 거짓된 가르침에 더 귀를 기울였습니다. 저희의 더러워진 마음과 어지러운 생각을 주님의 보혈로 씻어주시고, 다시 저희의 모든 생각이 온전히 주님께로만 향하게 하여 주시옵소서.

간구와 중보 이 시간, 저희가 예수를 깊이 생각하는 예배를 드리기 원합니다. 성령이여, 저희에게 임하여 주사 예수를 더욱 깊이 알 수 있는 능력을 주시옵소서. 저희의 어두운 눈을 밝히사 그리스도의 영광을 보게 하시고, 저희의 굳은 마음을 녹이사 그 사랑에 감격하게 하옵소서.

단 위에 세우신 목사님을 통해 선포되는 말씀이 오직 예수 그리스도만을 증거하게 하옵소서. 그 말씀을 통해 저희가 예수를 더 분명히 보고, 더 뜨겁게 사랑하며, 더 가까이 따르기로 결단하는 시간이 되게 하여 주옵소서. '지금, 여기, 이 자리에서' 선포되는 진리의 말씀이 온 교회를 덮어 새롭게 하여 주옵소서. 교회를 위해 헌신하는 모든 제직들을 축복하여 주옵소서. 그들이 섬길 때마다 먼저 우리의 대제사장이신 예수님의 섬김을 깊이 생각하게 하시고, 그 겸손과 사랑을 본받아 기쁨으로 사명을 감당하는 복된 일꾼들이 되게 하여 주시옵소서.

결단과 소망 이제 저희가 예배당을 떠나 각자의 삶의 자리로 돌아갈 때에도, 저희의 생각이 흩어지지 않고 오직 예수를 깊이 생각하게 하옵소서. 저희의 눈이, 저희의 마음이, 저희의 모든 삶이 주님께 고정되게 하소서. 그리하여 저희의 삶이 주님의 빛을 비추고, 그리스도의 향기를 드러내며, 날마다 주님을 더욱 닮아가는 거룩한 여정이 되게 하여 주시옵소서. 예수 그리스도의 이름으로 기도드렸습니다. 아멘.

이것을 행하여 나를 기념하라

"축사하시고 떼어 이르시되 이것은 너희를 위하는 내 몸이니 이것을 행하여 나를 기념하라 하시고 식후에 또한 그와 같이 잔을 가지시고 이르시되 이 잔은 내 피로 세운 새 언약이니 이것을 행하여 마실 때마다 나를 기념하라 하셨으니" (고린도전서 11:24-25)

감사와 찬양 사랑의 하나님 아버지. 저희를 흑암의 권세에서 건져내어 당신의 사랑하는 아들의 나라로 옮기시고, 이 거룩한 성찬의 자리에 참여할 수 있는 특권을 주시니 감사드립니다. 저희를 위해 십자가에서 그 몸을 찢기시고 그 피를 흘리사, 영원한 생명의 길을 열어주신 우리 주 예수 그리스도의 희생을 찬양합니다. 이 시간, 떡과 잔을 앞에 두고 주님의 죽으심과 부활을 기념하며 드리는 저희의 예배를 기쁘게 받아주시옵소서.

회개와 고백 거룩하신 주님, 저희가 이 성찬에 참여하기에 합당치 않은 모습으로 섰음을 고백합니다. 저희는 주님의 몸을 기념하면서도, 저희의 몸을 죄의 도구로 내어줄 때가 많았습니다. 주님의 피로 세운 새 언약을 기억하면서도, 저희는 옛 언약의 종처럼 두려움에 얽매여 살았습니다. 주님의 살과 피를 먹고 마시며 한 몸 되었다고 고백하면서도, 저희는 형제를 미워하고 분열하며 주님의 몸 된 교회를 아프게 했습니다. 발람처럼 어그러진 길을 가고 요나처럼 거역했던 저희의 모든 죄를 주님의 십자가 앞에 내려놓사오니, 보혈로 정결케 하사 깨끗한 마음으로 이 성찬에 참여하게 하여 주시옵소서.

간구와 중보 이 시간, 저희가 떡을 떼고 잔을 나눕니다. 이 떡을 뗄 때에 저희를 위해 찢기신 주님의 몸을 기억하게 하시고, 이 잔을 마실 때에 저희의 죄를 씻기 위해 흘리신 주님의 보혈과 새 언약을 마음에 깊이 새기게 하여 주시옵소서. 이 예식을 통하여 저희의 믿음이 더욱 굳건해지며, 저희와 주님의 연합이 더욱 깊어지고, 주 안에서 한 몸 된 지체들을 더욱 뜨겁게 사랑하게 하여 주시옵소서. 이 성찬이 장차 주님과 함께할 영원한 천국 잔치의 예표임을 믿고 소망하게 하옵소서.

말씀을 들고 단 위에 서신 목사님께 성령의 능력을 더하여 주사, 이 성찬의 신비와 감격을 온전히 선포하게 하시고, 저희 모두가 그 말씀 앞에 '아멘'으로 화답하며 은혜를 받게 하여 주시옵소서.

결단과 소망 주님의 살과 피로 새 힘을 얻었사오니, 이제 세상으로 나아가 주님을 기념하는 삶을 살게 하여 주시옵소서. 저희의 삶이 주님의 찢기신 몸처럼, 세상을 위해 내어 주는 희생적인 삶이 되게 하옵소서. 저희가 맺는 모든 성령의 열매가 주님의 거룩하심을 증거하게 하시고, 저희의 흠 없는 생활로 하늘 아버지께 영광 돌리게 하여 주시옵소서. 예수 그리스도의 이름으로 기도드렸습니다. 아멘.

헛된 우상이 아닌, 신령한 은사로 견고하게 하소서

"내가 너희 보기를 간절히 원하는 것은 어떤 신령한 은사를 너희에게 나누어 주어 너희를 견고하게 하려 함이니" (로마서 1:11)

감사와 찬양 유일하신 참 하나님, 자애로우신 아버지. 세상의 헛된 신화와 우상이 아닌, 살아계신 주님의 말씀과 독생자 예수 그리스도를 통해 자신을 나타내시니 감사드립니다. 저희가 환난 중에 부르짖을 때 들으시고, 피곤한 삶에 찾아오사 참된 안식과 기쁨을 주시는 주님을 찬양합니다. 죄인을 불러 회개시키시는 주님의 그 인자하심을 믿고, 이 시간 주님 앞에 나아와 예배드립니다.

회개와 고백 거룩하신 주님, 이 시간 저희의 영적 무감각과 나태함을 회개합니다. 저희는 이 땅의 우상 숭배의 문화 속에서, 구별된 백성으로서의 빛을 발하지 못했습니다. 세상의 가치관과 섞여 살면서 불신자들과 다를 바 없는 모습으로 주님의 영광을 가렸습니다. 저희 안에 있는 보이지 않는 우상들—재물과 성공, 쾌락을 더 의지했던 죄를 용서하여 주시옵소서. 주님의 보혈로 저희를 씻기사, 오직 하나님 한 분만 섬기는 정결한 마음을 회복시켜 주옵소서.

간구와 중보 이 시간, 이 땅의 교회들이 신령한 은사로 견고해지기를 기도합니다. 저희 교회 위에 성령을 부어 주사, 각 지체에게 하나님의 나라를 위한 거룩한 은사를 허락하여 주시옵소서. 그리하여 저희가 영적으로 더욱 강건해져서, 세상의 어떤 거짓 가르침과 유혹 앞에서도 흔들리지 않는 믿음의 공동체가 되게 하여 주시옵소서.

단 위에 세우신 목사님께서 말씀을 선포하실 때, 진리의 영이신 성령께서 함께하여 주옵소서. 그 말씀을 통해 참 하나님과 헛된 우상이 분명히 분별되게 하시고, 저희 모두가 오직 진리 위에 굳게 서기로 결단하는 시간이 되게 하여 주옵소서.

또한, 이 민족을 긍휼히 여겨 주시옵소서. 건국 신화를 신앙으로 삼고 사람의 형상을 숭배하려는 어리석음에서 이 백성을 건져주시옵소서. 이 땅 곳곳에서 우상의 제단이 무너지게 하시고, 그 자리에 오직 창조주 하나님을 예배하는 교회가 세워지게 하여 주시옵소서.

결단과 소망 이제 저희가 주님께서 주시는 신령한 은사와 능력으로 강건해져 세상으로 나아갑니다. 저희의 삶 가운데 성령의 열매가 맺히게 하사, 특별히 주님의 온유함을 배우게 하여 주시옵소서. 그리하여 강하고 담대하게 진리를 선포하되, 사랑과 온유함으로 사람들을 대함으로 저희의 삶 자체가 살아계신 하나님을 증거하는 복된 통로가 되게 하여 주시옵소서. 예수 그리스도의 이름으로 기도드렸습니다. 아멘.

진실과 정의와 공의의 삶으로,
열방의 복이 되게 하소서

"진실과 정의와 공의로 여호와의 사심을 두고 맹세하면 나라들이 나로 말미암아 스스로 복을 빌며 나로 말미암아 자랑하리라" (예레미야 4:2)

감사와 찬양 진실과 정의와 공의의 하나님. 저희를 죄악 가운데서 건져주시고, 주님의 자녀 삼아주시며, 만민 가운데서 주님의 놀라운 사랑을 찬양하게 하시니 감사드립니다. 저희의 삶이 어떠함이 아니라, 오직 십자가에서 모든 것을 이루신 예수 그리스도의 의를 힘입어 이 자리에 섰습니다. 이 시간, 저희의 예배를 기쁘게 받으시고 모든 영광 홀로 받으시옵소서.

회개와 고백 진실의 주님, 저희는 진실하게 살지 못했습니다. 때로는 저희의 이익을 위해 진실을 외면하고 거짓과 타협했습니다. 정의의 주님, 저희는 정의롭게 살지 못했습니다. 사회의 불의를 보면서도 침묵하고, 약한 자들의 고통을 외면했습니다. 공의의 주님, 저희는 공의롭게 살지 못했습니다. 저희 자신에게는 관대하고, 남에게는 엄격한 잣대를 들이대는 위선을 행했습니다. 저희의 이기적인 욕심이 이 사회의 불의에 일조했음을 회개하오니, 주님의 십자가 보혈로 저희의 모든 죄와 허물을 깨끗하게 용서하여 주시옵소서.

간구와 중보 이 시간, 이 땅과 저희의 삶 가운데 하나님의 통치가 임하기를 기도합니다. 저희가 속한 이 사회를 주님께서 다스려 주시옵소서. 이 사회를 이끄는 모든 이들이 하나님을 두려워하게 하시고, 정의와 법을 존중하며 모든 백성이 의롭게 살아가는 복된 나라가 되게 하여 주시옵소서.

단 위에 세우신 목사님께 영적인 능력과 분별력을 더하여 주사, 이 시대를 향한 하나님의 말씀을 담대히 선포하게 하옵소서. 그 말씀을 통해 저희가 세상 속에서 어떻게 진실과 정의와 공의를 실천하며 살아야 할지 깨닫게 하시고, 말씀의 위로와 능력으로 새 힘을 얻게 하여 주시옵소서.
또한, 육신의 질병으로 고통받는 지체들을 기억하여 주옵소서. 안식일에 손 마른 사람을 고쳐주셨던 주님, 오늘도 동일한 능력으로 저희에게 임하여 주시옵소서. 느닷없이 닥친 고통으로 두려움에 빠진 이들에게 회복의 은혜를 내려주시고, 주님께서 친히 저희의 연약함을 담당하시고 병을 짊어지셨사오니, 권능의 손으로 일으켜 주시옵소서.

결단과 소망 이제 저희가 세상으로 나아갑니다. 저희의 삶이 진실과 정의와 공의로 주님의 살아계심을 증거하게 하여 주시옵소서. 저희의 작은 실천을 통해 저희의 가정이, 일터가, 그리고 이 사회가 변화되게 하시고, 마침내 모든 나라가 저희의 모습을 통해 하나님께 복을 빌며 주님을 자랑하게 되는 그날을 보게 하여 주시옵소서. 예수 그리스도의 이름으로 기도드렸습니다. 아멘.

복음의 능력으로, 오늘도 우리를 개혁하소서

"내가 복음을 부끄러워하지 아니하노니 이 복음은 모든 믿는 자에게 구원을 주시는 하나님의 능력이 됨이라 먼저는 유대인에게요 그리고 헬라인에게로다" (로마서 1:16)

감사와 찬양 죄를 용서하시고 의롭다 칭하여 주시는 하나님 아버지께 영광을 드립니다. 종교개혁 주일을 맞아, 오직 믿음으로 구원받는다는 이 진리의 복음을 다시금 선명하게 밝혀주신 주님의 은혜에 감사드립니다. 어두운 시대에 진리의 등불을 들었던 개혁자들의 믿음과 용기를 기억하며, 그들이 목숨처럼 지켰던 '구원을 주시는 하나님의 능력'인 복음을 오늘 저희도 소리 높여 찬양합니다. 이 시간, 저희의 예배를 흠향하여 주시옵소서.

회개와 고백 거룩하신 주님, 저희는 개혁된 교회의 후예라 말하면서도, 다시금 개혁이 필요한 모습으로 살았음을 고백합니다. 저희의 믿음은 살아있는 신뢰가 아닌 굳어진 습관이 되었고, 저희의 예배는 마음을 드리는 감격이 아닌 익숙한 형식이 되었습니다. 저희는 '오직 성경'을 외치면서도 말씀보다 세상의 소리에 더 귀를 기울였고, '오직 은혜'를 찬양하면서도 저희의 공로를 내세우려 했습니다. 종교적인 행위로 주님을 향한 사랑을 대체했던 저희의 모든 죄를 용서하여 주시옵소서.

간구와 중보 이 시간, 구원을 주시는 하나님의 능력이 저희 가운데 충만히 임하기를 기도합니다. 단 위에 세우신 목사님께서 복음의 진수를 담대히 선포하실 때, 성령께서 강하게 역사하여 주시옵소서. 그 말씀을 통해 저희의 굳어진 마음이 깨어지고, 잠자던 영혼이 일어나며, 저희의 삶에 참된 개혁이 시작되게 하여 주시옵소서. 한 사람도 그냥 왔다가 돌아가는 심령이 없게 하시고, 모두가 복음의 능력을 체험하는 복된 시간이 되게 하여 주옵소서.

구원을 주시는 하나님의 능력이 저희 가운데 연약한 지체들에게도 임하기를 기도합니다. 질병으로 신음하는 이들에게 찾아가 주사, 복음의 능력으로 그들의 육신을 치료하시고 마음을 회복시켜 주시옵소서. 역경과 고난 속에서 절망하는 이들에게는, 모든 것을 합력하여 선을 이루시는 하나님의 섭리를 깨닫는 믿음을 주시옵소서.

결단과 소망 이제 저희가 "복음을 부끄러워하지 아니하노니"라고 고백했던 사도 바울과 개혁자들의 믿음을 이어받게 하옵소서. 저희의 삶이 이 복음이 참으로 구원을 주시는 하나님의 능력임을 증거하게 하시고, 오직 믿음으로 의롭게 된 자의 기쁨과 감격을 세상에 드러내는 빛과 소금이 되게 하여 주시옵소서. 예수 그리스도의 이름으로 기도드렸습니다. 아멘.

주께서 용서하신 것 같이, 우리도 용서하게 하소서

"누가 누구에게 불만이 있거든 서로 용납하여 피차 용서하되 주께서 너희를 용서하신 것 같이 너희도 그리하고" (골로새서 3:13)

감사와 찬양 하늘에 계신 하나님 아버지. 저희의 허다한 죄와 허물을 따져 묻지 아니하시고, 십자가의 보혈로 말갛게 씻으시며 자녀 삼아주신 그 놀라운 은혜에 감사와 찬송을 올려드립니다. 저희가 먼저 그 값없는 용서를 받았기에, 저희 또한 서로를 용서할 수 있는 힘과 이유를 얻었음을 믿고 찬양합니다. 이 시간, 주님의 용서를 기억하며 저희의 모든 것을 드리는 거룩한 예배가 되게 하여 주시옵소서.

회개와 고백 용서의 주님, 이 시간 저희의 완악하고 굳은 마음을 회개합니다. 저희는 주님께로부터는 산더미 같은 죄를 용서받았으면서도, 저희에게 작은 상처를 준 형제자매의 허물은 용서하지 못했습니다. 사랑으로 서로를 용납하기보다, 저희의 기준과 생각으로 쉽게 판단하고 정죄했습니다. 불평과 불만으로 공동체의 하나 됨을 깨뜨렸고, 저희 자신의 만족을 구하며 다른 이의 마음에 아픔을 주었던 모든 이기적인 죄를 용서하여 주시옵소서.

간구와 중보 긍휼이 풍성하신 하나님, 저희 교회가 서로 용납하며 피차 용서하는 사랑의 공동체가 되기를 원합니다. 단 위에 세우신 목사님을 통해 선포되는 말씀이 저희의 굳은 마음을 깨뜨리는 망치가 되게 하시고, 상처 입은 마음을 싸매는 위로의 향유가 되게 하여 주옵소서. 그 말씀을 통해 '주께서 너희를 용서하신 것 같이 너희도 그리하라'는 주님의 명령을 저희의 마음에 깊이 새기게 하여 주옵소서. 그리하여 저희 교회 안에 깨어진 관계들이 회복되고, 원망과 미움이 떠나가며, 오직 주님의 용서와 사랑만이 강물처럼 흐르게 하여 주옵소서.

또한, 멀리 타국에서 복음을 위해 헌신하는 선교사님들과 그 자녀들을 위해 기도합니다. 언어와 문화가 다른 곳에서 겪는 어려움 속에서 외롭지 않도록 주님께서 친히 친구가 되어주시고, 그곳의 공동체 안에서 따뜻한 사랑과 용납을 경험하게 하여 주시옵소서.

결단과 소망 이제 저희가 주님의 용서를 입은 자로서, 먼저 용서하는 삶을 살기로 결단합니다. 저희의 가정이, 저희의 교회가, 원망과 미움이 아닌 용납과 용서가 샘솟는 곳이 되게 하여 주시옵소서. 그리하여 세상이 저희의 모습을 통해, 십자가에서 모든 것을 용서하신 주님의 위대한 사랑을 보고 주께 돌아오는 놀라운 역사가 일어나게 하여 주옵소서. 예수 그리스도의 이름으로 기도드렸습니다. 아멘.

주님, 우리의 사랑이 더욱 많아 넘치게 하소서

"또 주께서 우리가 너희를 사랑함과 같이 너희도 피차간과 모든 사람에 대한 사랑이 더욱 많아 넘치게 하사" (데살로니가전서 3:12)

감사와 찬양 영원하신 사랑의 하나님 아버지. 인자가 풍부하셔서 저희의 죄를 용서하시고, 자녀 삼아 주사 결코 버리지 아니하시는 그 신실하신 사랑의 이름을 높여드립니다. 저희를 향한 주님의 사랑이 먼저 넘치도록 부어졌기에, 저희 또한 서로를 향해, 그리고 모든 사람을 향해 사랑할 수 있는 힘과 소망을 얻었나이다. 그 크신 사랑에 감사하며, 저희의 온 마음과 정성을 다해 주님을 영화롭게 하는 예배를 드리게 하여 주시옵소서.

회개와 고백 사랑의 주님, 이 시간 저희의 메마르고 이기적인 마음을 고백합니다. 주님의 넘치는 사랑을 받았음에도, 저희의 사랑은 너무나 인색하고 조건적이었습니다. 저희는 마음의 문을 닫고 지체들의 아픔에 공감하지 못했으며, 저희와 다른 이들을 쉽게 판단하고 정죄했습니다. 입으로는 주님이 저희의 주인이라 고백하면서도, 실제로는 저희의 이기적인 마음이 주인 되어 사랑하기보다 사랑받기만을 원했던 저희의 죄를 용서하여 주시옵소서.

간구와 중보 이 시간, 저희의 삶이 주님의 사랑으로 새로워지기를 간절히 기도합니다. 단 위에 세우신 목사님을 통해 은혜와 진리의 말씀을 선포하실 때, 그 말씀이 저희의 굳은 마음을 녹이는 사랑의 음성이 되게 하여 주시옵소서. "누구든지 그리스도 안에 있으면 새로운 피조물이라" 하신 말씀처럼, 저희의 옛사람은 죽고 오직 사랑으로 행하는 새사람으로 거듭나는 역사가 있게 하여 주옵소서.

주님, 저희 교회가 사랑이 더욱 많아 넘치는 공동체가 되기를 원합니다. 저희 안에서 '피차간에' 사랑이 넘쳐나게 하사, 서로의 허물을 덮어주고, 함께 울고 함께 웃으며, 서로의 짐을 져주는 아름다운 공동체가 되게 하여 주옵소서. 교회를 위해 충성스럽게 헌신하는 일꾼들을 축복하시고, 그들의 섬김이 사랑의 본이 되게 하여 주시옵소서. 더 나아가, 저희의 사랑이 교회 울타리를 넘어 '모든 사람에게' 흘러가게 하사, 세상이 저희를 보고 주님의 제자인 줄 알게 하여 주시옵소서.

결단과 소망 이제 저희가 주님의 사랑으로 충만해져 세상으로 나아갑니다. 저희의 가정이, 저희의 교회가, 주님의 넘치는 사랑이 시작되는 샘 근원이 되게 하여 주시옵소서. 그리하여 메마른 세상이 저희를 통해 주님의 따뜻한 사랑을 맛보게 하시고, 그 사랑으로 말미암아 하늘 아버지께 영광 돌리는 놀라운 역사가 일어나게 하여 주시옵소서. 예수 그리스도의 이름으로 기도드렸습니다. 아멘.

모든 신들보다 위대하신 주님을 찬양하나이다

"내가 알거니와 여호와께서는 위대하시며 우리 주는 모든 신들보다 위대하시도다 여호와께서 그가 기뻐하시는 모든 일을 천지와 바다와 모든 깊은 데서 다 행하셨도다"
(시편 135:5-6)

감사와 찬양 은혜로우신 하나님 아버지. 천지와 바다와 모든 만물을 말씀으로 창조하시고 지금도 그 기뻐하시는 뜻대로 다스리시는, 모든 신들보다 위대하신 주님의 이름을 찬양합니다. 죄에 빠져 있던 저희의 마음을 깨끗하게 하시고, 눈물 골짜기 같은 인생길에서도 많은 샘의 근원이 되시는 은혜를 베풀어주시니 감사드립니다. 이 시간, 저희의 모든 생각과 정성을 모아 지극히 높으신 주님께만 경배하게 하여 주시옵소서.

회개와 고백 위대하신 주님, 저희는 주님 한 분만 섬기지 못했음을 고백합니다. 저희는 입술로는 주님이 모든 신들보다 위대하시다 고백하면서도, 실제로는 세상의 헛된 것들을 더 의지하고 두려워했습니다. 저희의 마음에 돈과 성공, 사람들의 인정이라는 우상을 세워놓고, 창조주 하나님보다 피조물을 더 경배했습니다. 저희의 어리석음과 불신앙을 용서하여 주시고, 오직 주님만이 저희의 유일한 경배의 대상이 되시며 삶의 주인이심을 다시 한번 고백하는 시간이 되게 하여 주시옵소서.

간구와 중보 이 시간, 위대하신 하나님께 합당한 예배를 드리기 원합니다. 저희의 예배가 형식적인 행위가 아니라, 주님의 위대하심에 압도되어 드리는 진정한 경배가 되게 하여 주시옵소서.

단 위에 세우신 목사님께서 말씀을 전하실 때, 모든 신들보다 위대하신 하나님의 능력을 담대히 선포하게 하옵소서. 이삭을 줍는 겸손한 마음으로 말씀을 받게 하사, 그 말씀이 저희 마음속의 모든 우상을 무너뜨리고 저희의 삶을 다스리는 유일한 권위가 되게 하여 주시옵소서. 오늘 선포되는 생명의 말씀으로 저희 교회가 더욱 굳건히 세워지기를 원합니다.

주님의 몸 된 교회를 위해 헌신하도록 제직들을 세워주시니 감사드립니다. 그들이 섬길 때에 피곤치 않도록 새 힘을 주시고, 기쁨으로 그 직분을 감당하게 하옵소서. 그들의 아름다운 헌신을 통해 교회가 더욱 평안하며, 성도들이 서로를 제 몸처럼 섬기는 사랑의 공동체가 되게 하여 주시옵소서.

결단과 소망 이제 저희가 주께 받은 은혜와 축복들을 헤아리며 세상으로 나아갑니다. 저희의 삶이, 말 못 하는 우상과는 비교할 수 없는, 살아계시고 위대하신 하나님을 증거하게 하여 주시옵소서. 저희가 받은 감사의 제목들을 이웃에게 나누게 하시고, 저희의 삶을 통해 더 많은 영혼이 모든 신들보다 위대하신 주님께 돌아와 경배하게 하여 주시옵소서. 예수 그리스도의 이름으로 기도드렸습니다. 아멘.

복을 주신 대로, 자원하는 예물을 드리나이다

"네 하나님 여호와 앞에 칠칠절을 지키되 네 하나님 여호와께서 네게 복을 주신 대로 네 힘을 헤아려 자원하는 예물을 드리고" (신명기 16:10)

감사와 찬양 사랑과 은혜가 풍성하신 하나님 아버지. 한 해 동안도 저희의 삶에 신실한 인도자가 되어 주시고, 모든 좋은 것으로 채워주시니 감사드립니다. 저희에게 건강을 주시고, 일용할 양식을 주시며, 사랑하는 이들과 함께 기쁨을 나누게 하시니 감사드립니다. 무엇보다 십자가의 은혜로 저희의 모든 죄를 용서하시고 영원한 생명을 선물로 주신 그 크신 사랑에 감사와 찬송을 올려드립니다. 오늘 추수감사주일을 맞아, 주님께서 베푸신 복을 헤아리며 기쁨으로 예배하게 하여 주시옵소서.

회개와 고백 긍휼의 하나님, 이 시간 저희의 불평과 불신앙을 회개합니다. 주님께서 주신 모든 것이 은혜임을 잊고, 저희가 거둔 모든 것을 저희의 힘과 지혜로 얻은 양 교만했습니다. 입술로는 감사를 고백하면서도, 마음으로는 늘 부족하다 불평했고, 받은 복을 헤아리기보다 갖지 못한 것을 욕심냈습니다. 주님께서 맡겨주신 시간과 재능과 재물을 주님의 영광을 위해 사용하지 않고, 저희 자신의 만족을 위해 낭비했던 청지기 답지 못한 삶을 용서하여 주시옵소서.

간구와 중보 오늘 저희가 드리는 이 예배가 마음과 정성을 다해 드리는 자원하는 예물이 되기를 원합니다. 저희의 찬양과 기도, 그리고 감사의 예물을 주님께서 기쁘게 흠향하여 주시옵소서.

단 위에 세우신 목사님께서 생명의 말씀을 선포하실 때, 성령께서 함께하여 주옵소서. 그 말씀을 통해 저희의 영안이 열려, 당연하게 여겼던 모든 것들이 하나님의 놀라운 선물이었음을 깨닫게 하시고, 감사로 감격하는 시간이 되게 하여 주시옵소서.

저희 모두가 지혜의 청지기, 복음의 청지기가 되게 하여 주옵소서. 저희에게 허락하신 모든 것을 주님의 사랑을 전하는 일에 기쁨으로 사용하게 하시고, 저희의 삶이 주님께서 주신 은혜에 대한 감사의 응답이 되게 하여 주시옵소서.

결단과 소망 이제 저희가 받은 복을 헤아리며, 저희의 삶 전체를 주님께 자원하는 예물로 드리기로 결단합니다. 저희의 모든 소유가 주님의 것임을 인정하며, 하나님의 나라와 영광을 위해 기쁨으로 사용하게 하옵소서. 그리하여 저희의 삶을 통해 주님의 선하심과 인자하심이 세상에 증거 되고, 더 많은 영혼이 주님께 감사하며 돌아오는 놀라운 역사가 있게 하여 주시옵소서. 예수 그리스도의 이름으로 기도드렸습니다. 아멘.

돋는 해가 되신 주님, 우리 발을
평강의 길로 인도하소서

"이는 우리 하나님의 긍휼로 인함이라 이로써 돋는 해가 위로부터 우리에게 임하여 어둠과 죽음의 그늘에 앉은 자에게 비치고 우리 발을 평강의 길로 인도하시리로다 하니라" (누가복음 1:78-79)

감사와 찬양 긍휼이 풍성하신 하나님 아버지. 오랜 기다림의 약속을 신실하게 이루사, 돋는 해이신 예수 그리스도를 이 땅에 보내주심을 감사드립니다. 어둠과 죽음의 그늘 아래 살던 저희에게 찾아오사 생명의 빛을 비추시고, 저희의 발을 평강의 길로 인도하시는 그 놀라운 사랑을 찬양합니다. 다시 오실 주님을 기다리는 대강절의 첫 주일을 맞이하여, 소망 중에 주님을 예배하게 하시니 감사드립니다.

회개와 고백 빛으로 오신 주님, 저희는 여전히 어둠 속을 헤매며 살았음을 고백합니다. 주님을 기다린다고 말하면서도, 저희는 세상의 분주함에 빠져 주님 오실 길을 예비하지 못했습니다. 저희 마음의 방은 다른 욕심들로 가득 차, 아기 예수께서 누우실 깨끗한 구유 하나 마련하지 못했습니다. 깨어 있지 못하고 영적으로 잠자고 있었던 저희의 게으름을 용서하여 주시옵소서.

이 대강절 기간, 저희의 심령을 새롭게 하사 주님 맞을 준비를 온전히 하게 하옵소서.

간구와 중보 이 시간, 저희가 소망 중에 다시 오실 주님을 기다리는 교회가 되기를 원합니다. 단 위에 세우신 목사님께서 말씀을 대언하실 때, 성령께서 함께하여 주사 저희의 영혼을 깨우는 생명의 말씀이 되게 하여 주시옵소서. 그 말씀을 통해 임마누엘의 신비를 깊이 깨닫고, 저희의 삶을 주님께 드리는 거룩한 결단이 있게 하여 주옵소서.

어둠과 죽음의 그늘에 앉은 자들에게 빛을 비추기 원하시는 주님, 저희에게 잃어버린 영혼을 향한 주님의 마음을 주시옵소서. 이 기쁨의 소식을 아직 듣지 못한 이들에게 저희가 나아가게 하시고, 저희의 삶을 통해 그들의 발 또한 평강의 길로 인도되게 하여 주시옵소서.

결단과 소망 이제 저희는 다시 오실 주님을 기다리는 신실한 백성이 되기를 결단합니다. 초라한 구유에 아기로 오셨던 주님께서, 이제는 만왕의 왕으로 영광 중에 다시 오실 그날을 소망 중에 바라보게 하옵소서. 그날에 "잘하였도다 착하고 충성된 종아" 칭찬받으며, 영원한 생명의 기쁨에 참여하는 저희 모두가 되게 하여 주시옵소서. 예수 그리스도의 이름으로 기도드렸습니다. 아멘.

내 발에 등이요 내 길에 빛이니이다

"주의 말씀은 내 발에 등이요 내 길에 빛이니이다 주의 의로운 규례들을 지키기로 맹세하고 굳게 정하였나이다" (시편 119:105-106)

감사와 찬양 빛이 되신 하나님 아버지. 어두운 세상 가운데 저희를 버려두지 아니하시고, 참 빛이신 예수 그리스도를 보내주시며, 또한 영원한 진리의 말씀으로 저희의 길을 비추어 주시니 감사드립니다. 다시 오실 주님을 기다리는 이 대강절에, 저희의 발에 등이 되고 길에 빛이 되시는 주님의 말씀을 의지하여 예배의 자리로 나아왔습니다. 이 시간, 빛 되신 주님께만 모든 찬송과 영광을 올려드립니다.

회개와 고백 빛이신 주님, 저희는 빛보다 어둠을 더 사랑했음을 고백합니다. 주님의 말씀이 저희 발에 등이요 길에 빛이 되었건만, 저희는 그 빛을 따르기보다 어둡고 익숙한 세상의 길로 걸어가기를 더 좋아했습니다. 저희의 유익을 위해 주님의 의로운 규례를 저버렸고, 십자가의 사랑을 실천하기보다 이기적인 욕심을 채우기에 바빴습니다. 저희의 불순종과 형식적인 신앙을 용서하여 주시고, 저희의 눈을 밝히사 다시 주님의 빛을 보게 하여 주시옵소서.

간구와 중보 이 시간, 말씀의 빛이 저희의 심령과 이 교회 위에 충만히 임하기를 기도합니다. 강단 위에 세우신 목사님께 성령의 조명을 더하여 주사, 선포되는 말씀을 통해 어둠이 물러가고 생명의 빛이 가득하게 하옵소서. 그 말씀이 저희의 영혼을 소생시키는 능력이 되게 하시고, 주님을 위하여 살고자 하는 뜨거운 마음을 회복시켜 주시옵소서.

주님의 말씀이 아직 없는 곳에 빛을 비추어 주시옵소서. 저희가 이 땅에 처음 복음이 들어올 때 생명의 말씀인 성경을 선물로 받았던 것처럼, 저희 또한 아직 어둠 속에 있는 민족들에게 이 성경을 전하는 일에 헌신하게 하옵소서. 그들의 언어로 번역된 성경과 함께 복음의 빛이 선포되어, 그들 또한 주님 오심을 함께 기다리는 백성이 되게 하여 주옵소서.

결단과 소망 이제 저희가 주님의 의로운 규례들을 지키기로 다시 한번 굳게 정합니다. 다시 오실 주님을 기다리는 이 대강절 기간에, 저희의 모든 발걸음이 말씀의 빛 안에서 행해지게 하옵소서. 그리하여 저희의 삶이 어두운 세상에 길을 비추는 작은 등불이 되게 하시고, 마침내 빛의 왕으로 오실 주님을 기쁨으로 맞이하는 저희 모두가 되게 하여 주시옵소서. 예수 그리스도의 이름으로 기도드렸습니다. 아멘.

두려워 말고 소리 높여, '너희의 하나님을 보라' 하라

"아름다운 소식을 시온에 전하는 자여 너는 높은 산에 오르라 아름다운 소식을 예루살렘에 전하는 자여 너는 힘써 소리를 높이라 두려워하지 말고 소리를 높여 유다의 성읍들에게 이르기를 너희의 하나님을 보라 하라" (이사야 40:9)

감사와 찬양 구원의 하나님 아버지. 저희를 향한 진노를 거두시고, 죄와 절망으로 지친 저희의 메마른 심령에 아름다운 구원의 소식을 허락하시니 감사드립니다. 하늘 보좌의 영광을 버리고 가장 낮은 이 땅에 오신 아기 예수님, 저희의 참 소망이요 기쁨이 되시는 주님을 찬양합니다. 이 대강절에, 저희의 어두운 마음에 진리의 빛을 비추시고 소망의 노래를 부르게 하시는 주님의 은혜에 영광을 돌립니다.

회개와 고백 겸손의 왕으로 오신 주님, 저희는 주님을 본받지 못하고 높아지기만을 좋아했던 교만함을 회개합니다. 저희는 '하나님을 보라' 외치기보다, '나를 보라' 자랑하며 저희 자신을 드러내기에 급급했습니다. 하나님의 기쁨이 아닌 저희의 기쁨을 따랐고, 주님의 영광을 선포해야 할 입술로 불평과 원망을 쏟아냈습니다. 저희의 죄 된 성품을 용서하시고, 주님의 겸손하고 온유한 마음을 저희에게 부어주시옵소서.

간구와 중보 이 시간, 저희의 예배가 세상에 "너희의 하나님을 보라"라고 외치는 거룩한 선포가 되기를 원합니다. 단 위에 세우신 목사님께서 말씀을 전하실 때, 마치 높은 산 위에 선 선포자처럼 힘 있고 능력 있는 말씀을 전하게 하여 주시옵소서. 그 말씀을 통해 저희가 구원의 하나님을 똑똑히 보게 하시고, 세상이 줄 수 없는 참된 기쁨과 평안으로 충만해지는 시간이 되게 하여 주옵소서.

저희가 먼저 예수님의 마음으로 하나 되게 하옵소서. 겸손한 마음으로 각각 자기보다 남을 낮게 여기며 서로를 섬길 때, 저희의 하나 된 모습이 세상에 "너희의 하나님을 보라"라고 외치는 가장 강력한 메시지가 될 줄 믿습니다. 저희가 살아가는 이 나라와 민족이 헛된 우상을 버리고, 오직 살아계신 구원의 하나님을 바라보게 하여 주시옵소서.

결단과 소망 이제 저희가 두려워하지 않고 힘써 소리를 높이는 자들이 되기를 원합니다. 저희의 삶으로, 저희의 입술로, 저희의 사랑으로, 아직 어둠 속에 있는 이웃과 민족을 향해 "너희의 하나님을 보라"라고 담대히 외치게 하옵소서. 그리하여 이 성탄의 계절에 더 많은 영혼이 주님을 보고, 주께 돌아와, 저희와 함께 기쁨으로 경배하게 하여 주시옵소서. 예수 그리스도의 이름으로 기도드렸습니다. 아멘.

동방박사와 함께, 엎드려 아기께 경배드리나이다

"그들이 별을 보고 매우 크게 기뻐하고 기뻐하더라 집에 들어가 아기와 그의 어머니 마리아가 함께 있는 것을 보고 엎드려 아기께 경배하고 보배합을 열어 황금과 유향과 몰약을 예물로 드리니라" (마태복음 2:10-11)

감사와 찬양 사랑의 하나님 아버지. 저희의 모든 죄를 용서하시고 구원하시기 위해, 가장 높은 보좌를 버리시고 가장 낮은 말구유에 아기로 오신 주님의 그 겸손하신 사랑을 찬양합니다. 저 먼 동방에서부터 별을 따라온 박사들처럼, 저희도 진리의 빛을 따라 오늘 이 예배의 자리에 섰습니다. 온 인류를 구원하기 위해 아기로 오신 왕께 엎드려 경배하게 하시니 그 크신 은혜에 감사와 영광을 올려드립니다.

회개와 고백 거룩하신 주님, 저희 마음에 주님을 모실 빈 방이 없었음을 고백합니다. 저희의 마음은 세상의 염려와 이기적인 욕심, 헛된 자랑거리들로 가득 차 있었습니다. 저희는 가장 귀한 주님께 저희의 보배합을 열어드리기보다, 썩어질 세상 것들을 얻기 위해 마음과 시간을 쏟았습니다. 이웃을 돌아보지 않고 저희 자신의 이익만을 구했던 모든 죄를 용서하여 주시옵소서. 이 시간 저희의 마음을 비우고 낮추어, 주님을 모시기에 합당한 깨끗한 구유가 되게 하여 주시옵소서.

간구와 중보 이 시간, 저희의 예배가 동방박사가 드렸던 예물과 같이 주님께 드려지기를 원합니다. 저희의 찬양을 황금처럼 올려드리오니 받아주소서. 저희의 기도를 유향처럼 올려드리오니 흠향하여 주옵소서. 저희의 헌신을 몰약처럼 드리오니, 주님의 십자가를 기억하며 드리는 거룩한 예물이 되게 하여 주시옵소서. 하늘의 천군 천사와 함께 찬양하는 성가대의 목소리를 기쁘게 받아주시고, 저희의 예배가 하늘의 노래가 되게 하옵소서. 단 위에 세우신 목사님께서 성탄의 의미를 깊이 선포하실 때, 저희의 마음이 활짝 열리게 하옵소서. 말씀을 통해 구유에 누이신 아기 예수님의 모습에서 저희를 향한 하나님의 위대한 사랑을 발견하는 시간이 되게 하여 주옵소서.

주님의 몸 된 교회를 위해 헌신하는 제직들의 섬김을 기억하여 주옵소서. 그들의 수고가 주님께 드리는 귀한 예물이 되게 하시고, 그들의 헌신을 통해 교회가 이 지역 사회에 구원의 기쁜 소식을 전하는 일에 앞장서게 하여 주시옵소서.

결단과 소망 이제 저희가 아기 예수님께 경배하고 세상으로 나아갑니다. 저희의 삶이 아직도 어둠 속에서 빛을 기다리는 이들에게 길을 비추는 별이 되게 하여 주시옵소서. 저희가 받은 구원의 기쁨을 이웃에게 나누게 하시고, 더 많은 사람이 저희와 함께 엎드려 아기께 경배하는 그날이 속히 오게 하여 주옵소서. 예수 그리스도의 이름으로 기도드렸습니다. 아멘.

12월 넷째주 [송년 주일]

'보라 내가 만물을 새롭게 하노라' 말씀하신 주님

"보좌에 앉으신 이가 이르시되 보라 내가 만물을 새롭게 하노라 하시고 또 이르시되 이 말은 신실하고 참되니 기록하라 하시고" (요한계시록 21:5)

감사와 찬양 알파와 오메가, 시작과 끝이 되시는 신실하신 하나님 아버지. 한 해의 마지막 주일, 저희의 모든 시간을 주관하시는 주님 앞에 감사와 찬양으로 나아옵니다. 지난 한 해의 모든 순간 속에서 때를 따라 도우시는 은혜로 저희를 지키시고, 저희의 삶을 물 댄 동산같이 부족함이 없도록 채워주셨으니 그 신실하심을 찬양합니다. 독생자의 피를 통해 저희 영혼을 구속하시고, 날마다 위로부터 내려주시는 은혜로 살아가게 하시니 감사드립니다.

회개와 고백 긍휼의 하나님, 지나온 시간 속에서 주님의 영광을 위해 살지 못했던 저희의 죄를 고백합니다. 저희는 시간을 아끼지 못하고 헛된 일에 낭비했으며, 주님께서 주신 기회들을 선용하지 못했습니다. 저희의 죄 때문에 주님께서 십자가의 고난을 당하셨음을 알면서도, 저희는 같은 죄를 반복하며 주님의 마음을 아프게 했습니다. 이 한 해의 마지막에서, 저희의 모든 후회와 허물을 주님의 보좌 앞에 내려놓사오니, '만물을 새롭게 하시는' 주님의 능력으로 저희를 용서하시고 새롭게 하여 주시옵소서.

간구와 중보 이 시간, 저희가 새 일을 행하실 주님을 소망하며 기도합니다. 단 위에 세우신 목사님을 성령의 능력으로 붙들어 주시옵소서. 선포되는 말씀을 통해, 지나온 한 해를 은혜로 마무리하게 하시고, 다가올 새해를 믿음으로 준비하게 하는 신실하고 참된 약속을 듣게 하여 주옵소서.

저희에게 허락하실 새해에는, 저희가 주님의 인자하심을 드러내는 새로운 삶을 살게 하옵소서. 온갖 미혹이 넘치는 세상에서, 저희가 먼저 '새롭게 된 자'로서 담대히 복음을 외치게 하시고, 세상의 신음 소리에 귀 기울이며 기도하는 주님의 백성이 되게 하여 주시옵소서. 특별히 육신의 질병으로 낡은 해를 고통 속에 보내는 지체들을 기억하여 주옵소서. 만물을 새롭게 하시는 주님의 권능의 손으로 그들을 안수하사, 깨끗하게 치료하여 주시고, 새해에는 건강한 모습으로 주님께 영광 돌리게 하여 주시옵소서.

결단과 소망 "보라 내가 만물을 새롭게 하노라." 이 신실하고 참된 약속을 저희의 소망으로 굳게 붙잡습니다. 지나간 과거에 얽매이지 않게 하시고, 다가올 미래를 두려워하지 않게 하시며, 오직 모든 것을 새롭게 하시는 주님 안에서 오늘을 살게 하여 주시옵소서. 그리하여 저희의 남은 모든 생이 주님의 새롭게 하시는 능력을 증거하는 살아있는 찬양이 되게 하여 주옵소서. 예수 그리스도의 이름으로 기도드렸습니다. 아멘.

은혜로 드리는 **주중 예배**

대표기도문

1. 수송아지를 대신하여, 입술의 열매를 드리나이다

"너는 말씀을 가지고 여호와께로 돌아와서 아뢰기를 모든 불의를 제거하시고 선한 바를 받으소서 우리가 수송아지를 대신하여 입술의 열매를 주께 드리리이다" (호세아 14:2)

감사와 찬양

사랑의 하나님 아버지. 저희의 죄를 용서하시고 자녀 삼아 주사, 제물이 아닌 저희의 찬양을 기쁘게 받으시는 주님의 그 크신 은혜에 영광을 돌립니다. 늘 저희의 삶을 지키시고 인도해 주셔서 감사를 드리며 특별히 주중예배로 드리게 하시니 감사드립니다. 저희가 드리는 이 예배가 주님께서 기쁘게 받으시는 '입술의 열매'가 되게 하여 주시옵소서.

회개와 고백

긍휼의 하나님, 저희는 입술의 열매 없이 살아왔음을 고백합니다. 저희의 입술은 감사의 찬양보다 불평과 원망을 더 많이 쏟아냈습니다. 저희는 마음이 담기지 않은 형식적인 예배를 드렸고, 하나님의 자리를 세상의 헛된 것들에게 내어주며 거룩한 삶을 살지 못했습니다. 저희의 모든 불의를 제거하여 주시고, 상한 마음을 고쳐 주시사, 오직 진실한 찬양의 열매만을 주님께 드릴 수 있도록 저희를 새롭게 하여 주시옵소서.

간구와 중보

이 시간, 저희의 삶이 주님께서 받으실만한 선한 열매로 가득하기를 기도합니다. 단 위에 세우신 목사님께서 생명의 말씀을 선포하실 때, 그 말씀이 저희의 심령을 새롭게 하여 주옵소서. 그리하여 한 주간의 삶이 주님 안에서 생명의 활력으로 넘치게 하시고, 주님의 말씀에 순종하는 거룩한 삶의 열매를 맺게 하여 주시옵소서.

'입술의 열매'가 단지 찬양에만 머무르지 않게 하옵소서. 주님의 마음으로 저희 주변의 이웃을 돌아보게 하시고, 그들의 궁핍함을 채워주는 사랑의 열매를 맺게 하여 주옵소서. 저희의 손과 발이 이웃을 섬기고 봉사하는 일에 즐거이 쓰임 받게 하시고, "네 이웃을 네 몸과 같이 사랑하라" 하신 주님의 말씀을 삶으로 살아내는 저희가 되게 하여 주시옵소서.

또한, 저희 가운데 육신의 질병으로 고통받는 지체들을 기억하여 주옵소서. 그들의 아픔을 불쌍히 여기시고, 치료의 은혜를 베풀어 주시옵소서. 그들의 회복을 통해 살아계신 하나님의 능력이 드러나게 하시고, 그들의 입술에서 감사의 찬양이 터져 나오게 하여 주시옵소서.

결단과 소망

이제 저희의 남은 모든 삶이 주님께 드리는 입술의 열매가 되기를 소망합니다. 저희의 말이, 저희의 노래가, 저희의 삶 전체가 수송아지보다 더 귀한 감사의 제사가 되게 하여 주시옵소서. 그리하여 저희의 삶을 통해 하나님의 선하심이 증거 되고, 더 많은 영혼이 저희와 함께 주께 돌아와 찬양의 열매를 드리게 하여 주시옵소서. 예수 그리스도의 이름으로 기도드렸습니다. 아멘.

2. 내가 부르짖을 때, 주께서 나를 구원하시리라

"나는 하나님께 부르짖으리니 여호와께서 나를 구원하시리로다" (시편 55:16)

감사와 찬양

살아계셔서 저희의 작은 신음에도 귀 기울이시는 하나님 아버지. 온갖 소음으로 가득한 세상 속에서 저희의 부르짖음을 들으시고 응답하시는 주님이 계시기에, 오늘 저희가 이 예배의 자리로 담대히 나아옵니다. 어떠한 상황과 조건 속에서도 흔들리지 않는 저희의 반석이 되시며, 곤고한 날에 피할 요새가 되어 주시니 감사와 찬송을 올려드립니다. 이 시간, 살아계신 하나님을 온전히 신뢰하며 드리는 저희의 예배를 기쁘게 받아주시옵소서.

회개와 고백

구원의 주님, 저희는 주님께 부르짖기보다 세상의 소리에 더 귀 기울였음을 고백합니다. 문제가 닥쳤을 때 믿음으로 주님을 찾기보다, 저희의 경험과 사람의 방법을 의지하며 염려하고 불평했습니다. 주님의 나라 확장을 위해 부르짖어야 할 저희의 입술은 세상의 헛된 말들로 가득했고, 이웃의 아픔을 위해 중보하기보다 저희 자신의 안위만을 구했습니다. 주님을 온전히 신뢰하지 못했던 저희의 연약함을 용서하여 주시고, 모든 상황 속에서 가장 먼저 주님께 부르짖는 믿음의 자녀들이 되게 하여 주시옵소서.

간구와 중보

이 시간, 저희의 간절한 부르짖음에 응답하여 주시옵소서. 특별히, 삶의 무게에 짓눌려 마음껏 찬양하지 못하고, 차마 소리 내어 부르짖을 힘조차 없는 지체들을 위해 기도합니다. 상한 갈대를 꺾지 않으시는 주님, 그들의 신음 소리마저도 들으시는 줄 믿사오니, 친히 찾아가 만나주시고 위로하여 주시옵소서. 그들의 눈물을 닦아주시고, 잿더미에 앉은 영혼을 일으키사 다시금 주님을 신뢰하며 찬양할 새 힘을 부어주시옵소서.

말씀을 듣고 단 위에 서신 목사님을 축복하여 주옵소서. 선포되는 말씀이 저희의 부르짖음에 대한 주님의 응답이 되게 하시고, 구원의 말씀, 권능의 말씀이 되어 한 주간을 살아갈 소망과 확신을 얻는 시간이 되게 하여 주옵소서.

결단과 소망

이제 저희의 부르짖음에 응답하시고 구원하신 주님의 은혜를 힘입어 세상으로 나아갑니다. 저희의 삶이, 고통 속에서 신음하는 세상에 "내가 부르짖었더니 여호와께서 나를 구원하셨다"라고 간증하는 빛이 되게 하여 주시옵소서. 저희의 위로와 사랑이, 썩어져 가는 세상에 썩지 않을 소망을 전하는 소금이 되게 하여 주옵소서. 그리하여 저희의 삶을 통해 더 많은 영혼이 하나님께 부르짖으며 구원을 얻는 역사가 일어나게 하여 주시옵소서. 예수 그리스도의 이름으로 기도드렸습니다. 아멘.

3. 구하라, 그리하면 너희 기쁨이 충만하리라

"지금까지는 너희가 내 이름으로 아무 것도 구하지 아니하였으나 구하라 그리하면 받으리니 너희 기쁨이 충만하리라" (요한복음 16:24)

감사와 찬양

세세 무궁토록 영광과 찬양을 받으시기에 합당하신 하나님 아버지. 멀고 두려운 분이 아니라, 저희의 작은 신음에도 귀 기울이시며 "구하라"고 친히 초대하시는 사랑의 아버지 되심에 감사드립니다. 무엇보다 저희에게 예수 그리스도의 이름을 허락하사, 그 이름을 의지하여 담대히 은혜의 보좌 앞에 나아갈 수 있는 특권을 주시니 그 크신 사랑을 찬양합니다. 이 시간 온 마음과 정성을 다해 드리는 저희의 예배와 기도를 통해 홀로 영광 받으시옵소서.

회개와 고백

용서의 하나님, 이 시간 저희의 믿음 없음을 회개합니다. 저희는 입술로는 구하였으되, 마음으로는 응답받을 것을 온전히 믿지 못하고 의심했습니다. 저희는 주님의 선하신 뜻을 구하기보다 저희의 욕심을 채우기 위한 이기적인 간구를 드릴 때가 많았습니다. 무엇보다, 저희 자신을 위해서는 기도하면서도 고통받는 이웃의 아픔을 위해서는 눈물로 부르짖지 못했습니다. 그들의 어려움을 외면하고 못 본 척했던 저희의 무정함을 용서하여 주시고, 이웃을 사랑하는 마음으로 기도하는 저희가 되게 하여 주옵소서.

간구와 중보

늘 저희의 기도를 들으시는 주님, 이 시간 주님의 약속을 믿고 간절히 구합니다. 먼저, 말씀을 들고 단 위에 서신 목사님께 성령의 능력으로 함께하여 주시옵소서. 선포되는 말씀을 통해 저희가 어떻게 기도해야 할지를 배우게 하시고, 담대히 구할 수 있는 믿음을 허락하여 주옵소서.

저희 교회를 위해 기도합니다. 이 교회가 영혼 구원에 더욱 힘쓰는 교회가 되게 하시고, 아름답게 성장하고 부흥하게 하여 주옵소서. 특별히 이슬과 같은 저희 청년들을 위해 간구합니다. 그들이 세상의 유혹 앞에서 흔들리지 않고, 예수 그리스도를 인격적으로 만나 자신의 삶을 온전히 주님께 드리는 결단을 하게 하여 주시옵소서. 이 기도를 들으시고 응답하여 주사, 저희 교회가 다음 세대의 부흥을 보는 기쁨을 누리게 하옵소서.

또한, 저희 지체들을 위해 부르짖습니다. 질병의 고통과 재정의 어려움, 관계의 아픔 속에 있는 지체들이 있나이다. 그들의 눈물의 기도를 들으시고 응답하여 주사, 상한 심령을 고치시고 모든 것을 회복시켜 주시옵소서. 그리하여 그들의 절망이 소망으로, 슬픔이 기쁨으로, 눈물이 간증으로 변하는 충만한 기쁨을 맛보게 하여 주옵소서.

결단과 소망

이제 저희가 주님의 약속을 믿고 담대히 구하였사오니, 가장 선한 것으로 응답하실 주님을 신뢰하며 세상으로 나아갑니다. 저희의 삶이 응답받는 기도의 능력을 증거하게 하시고, 그로 인해 저희의 기쁨이 충만하여 세상에 그 기쁨을 나누어주는 복된 삶이 되게 하여 주시옵소서. 예수 그리스도의 이름으로 기도드렸습니다. 아멘.

4. 기다리고 기다렸더니, 귀를 기울여 들으시는 주님

"내가 여호와를 기다리고 기다렸더니 귀를 기울이사 나의 부르짖음을 들으셨도다" (시편 40:1)

감사와 찬양

저희의 부르짖음에 귀를 기울이시는 살아계신 하나님 아버지. 저희의 머리카락까지 세신 바 되시고, 마음속 깊은 곳의 작은 신음 소리까지도 들으시는 주님의 세밀하신 사랑에 감사와 찬양을 올려드립니다. 저희가 인내하며 주님을 기다릴 때, 결코 외면하지 않으시고 가장 선한 때에 응답하시는 신실하신 주님을 신뢰합니다. 부족한 저희에게 각자의 자리에서 감당할 귀한 사명을 맡겨주시고, 이 예배의 자리로 불러주시니 감사드립니다.

회개와 고백

전능하신 주님, 저희는 기다리지 못했음을 고백합니다. 저희는 다윗과 모세처럼 굳센 믿음의 용사가 되기를 원했지만, 삶의 작은 문제 앞에서도 조급해하며 주님을 원망했습니다. 저희의 부르짖음에 즉시 응답하시지 않는다고 하나님을 의심했고, 더욱 크신 주님을 바라보기보다 눈앞의 문제에 걸려 넘어지고 말았습니다. 이처럼 연약하고 믿음 없는 저희를 긍휼히 여겨주옵소서. 모든 죄를 용서하여 주시고, 맡겨주신 사명을 더욱 잘 감당하게 하여 주시옵소서.

간구와 중보

이 시간, 저희의 간절한 부르짖음을 들어주시옵소서. 말씀을 가지고 단 위에 서신 목사님께 함께하여 주셔서, 하나님의 살아있는 말씀을 능력 있게 선포하게 하옵소서. 그 말씀을 통해 저희가 기다림의 영적인 의미를 깨닫게 하시고, 어떠한 상황 속에서도 흔들리지 않는 믿음과 소망을 얻게 하여 주옵소서.

또한, 주님의 복음을 들고 세계 곳곳에서 눈물로 씨앗을 뿌리는 선교사님들을 위해 기도합니다. 그들의 부르짖음을 들으사, 영혼 구원의 풍성한 열매를 보게 하시고, 가정과 자녀, 모든 필요 위에 부족함이 없도록 채워주시옵소서. 그들의 삶에 주님의 풍성함과 지혜가 늘 함께하기를 원합니다.

저희 가운데 오랜 기다림으로 지친 영혼들이 있습니까? 주님, 그들의 부르짖음을 들으시고 찾아가 만나주시며 하늘의 위로를 부어주시옵소서.

결단과 소망

이제 저희가 주님께서 저희의 부르짖음을 들으심을 믿고, 잠잠히 주님을 기다리며 세상으로 나아갑니다. 저희에게 맡겨주신 사명을 감당할 때, 저희의 힘이 아닌 주님의 응답하심을 의지하게 하옵소서. 그리하여 저희의 삶이 "내가 여호와를 기다리고 기다렸더니 귀를 기울이사 나의 부르짖음을 들으셨도다"라고 고백했던 다윗의 간증과 같은, 살아있는 찬양이 되게 하여 주시옵소서. 예수 그리스도의 이름으로 기도드렸습니다. 아멘.

5. 우리에게 승리를 주시는 하나님께 감사하노라

"우리 주 예수 그리스도로 말미암아 우리에게 승리를 주시는 하나님께 감사하노니"
(고린도전서 15:57)

감사와 찬양

저희의 깃발이 되시는 여호와 닛시의 하나님. 저희가 싸우는 모든 영적 싸움에서 저희보다 앞서 싸우시고, 마침내 우리 주 예수 그리스도를 통하여 궁극적인 승리를 허락하시는 주님의 이름을 찬양합니다. 죄와 죽음의 권세를 깨뜨리신 주님의 그 위대한 승리를 힘입어, 오늘 저희가 이 예배의 자리로 담대히 나아왔습니다. 이 시간 저희가 올려드리는 찬양과 경배를 기쁨으로 받으시고, 하늘 문을 여사 신령한 복과 은혜로 충만케 하여 주시옵소서.

회개와 고백

승리의 주님, 저희는 승리자의 삶을 살지 못했음을 고백합니다. 주님께서 이미 사망 권세를 이기셨건만, 저희는 여전히 죄의 유혹에 쉽게 무너지고 세상의 작은 문제 앞에서 두려워하며 살았습니다. 주님의 승리의 깃발을 들고 살아가기보다, 저희의 유익과 만족만을 구하는 패배자의 모습으로 살았던 저희의 완악함을 용서하여 주시옵소서. 주님의 사랑을 이웃에게 전하며 승리를 나누기보다, 저희의 고집과 강퍅함으로 상처를 주었던 이기심을 회개하오니, 주님의 보혈로 저희를 정결하게 하여 주시옵소서.

간구와 중보

이 시간, 주님의 교회가 세상 가운데 승리하는 교회가 되기를 기도합니다. 주님의 뜻으로 세워진 이 땅의 모든 교회를 축복하여 주시고, 어두운 세상 구석구석에 복음의 빛을 비추는 시대의 등불이 되게 하여 주시옵소서. 특별히 저희 교회가 하나님의 의를 드러내며, 날마다 영적 싸움에서 승리하는 능력 있는 공동체로 서게 하시고, 주님께서 원하시는 부흥을 이루게 하여 주옵소서.

말씀을 들고 단 위에 서신 목사님께 성령의 두루마기를 입혀 주시옵소서. 선포되는 말씀을 통해 승리의 복음이 힘 있게 증거 되게 하시고, 지치고 낙심한 성도들의 갈급한 심령에 단비와 같은 은혜를 부어주시옵소서. 그 말씀을 붙들고 세상으로 나아가 담대히 싸워 이길 새 힘을 얻게 하여 주시옵소서.

결단과 소망

이제 저희에게 승리를 주시는 하나님께 감사하며 세상으로 나아갑니다. 저희의 삶이 패배의 신음이 아닌 승리의 찬양이 되게 하여 주시옵소서. 저희가 겪는 모든 싸움에서 주 예수 그리스도를 의지함으로 넉넉히 이기게 하시고, 저희의 삶을 통해 '여호와 닛시'의 깃발이 온 땅에 높이 들리게 하여 주시옵소서. 예수 그리스도의 이름으로 기도드렸습니다. 아멘.

6. 환난 중에 부르짖을 때, 성전에서 들으시는 하나님

"내가 환난 중에서 여호와께 아뢰며 나의 하나님께 부르짖었더니 그가 그의 성전에서 내 소리를 들으심이여 그의 앞에서 나의 부르짖음이 그의 귀에 들렸도다" (시편 18:6)

감사와 찬양

신실하신 하나님 아버지. 저희의 어떠함과 상관없이, 저희가 부르짖을 때마다 귀를 기울이시고 거룩한 성전에서 그 소리를 들으시는 주님의 신실하심을 찬양합니다. 저희의 머리카락까지 세실 정도로 저희를 깊이 아시고, 작디작은 신음 소리마저 외면하지 않으시는 그 세밀하신 사랑에 감사드립니다. 그리스도의 보혈로 저희를 깨끗하게 하사, 담대히 주님 앞에 나아와 예배하며 간구할 수 있는 특권을 주시니 감사와 영광을 올려드립니다.

회개와 고백

저희는 주님께 부르짖기보다 세상의 헛된 것들에 더 귀를 기울였음을 고백합니다. 저희의 영안이 어두워져, 환난 중에 주님을 찾기보다 세상의 탐욕과 문화를 좇아 해결책을 찾으려 헤맸습니다. 주님과 기도로 교제하며 그 음성을 듣기보다, 저희 자신의 생각과 목소리를 더 높였습니다. 이 시간 저희의 완고한 심령을 깨뜨려 주시고, 모든 탐욕의 마음을 제거하시사, 오직 주님께만 부르짖는 깨끗한 마음을 허락하여 주시옵소서.

간구와 중보

이 시간, 주님의 약속의 말씀을 붙들고 저희의 문제를 아뢰며 부르짖습니다. 특별히 분단된 조국의 환난 중에서 주님께 부르짖습니다. 남북으로 갈라진 이 민족을 불쌍히 여겨주시옵소서. 북녘땅에서 신음하며 기도하는 주님의 백성들의 부르짖음을 들으시고, 핍박 가운데서도 그들의 믿음을 지켜주시옵소서. 북한의 지도자들의 마음을 움직이사 핵무기를 버리고 평화와 인권의 길로 나오게 하여 주시옵소서. 그리하여 남과 북이 복음으로 통일되어 하나님을 함께 예배하는 그날이 속히 오도록, 주님, 저희의 부르짖음을 들어주시옵소서.

단 위에서 말씀을 전하시는 목사님께 엘리야와 같은 능력을 입혀 주시사, 저희의 모든 문제에 대한 하나님의 약속의 말씀을 힘 있게 선포하게 하여 주시옵소서. 그 말씀을 듣는 저희가 엘리사와 같이 갑절의 영감을 구하는 제자가 되어, 응답받는 믿음으로 세상을 살아가게 하옵소서.

결단과 소망

이제 저희의 부르짖음이 주님의 귀에 들렸음을 믿고, 평안함으로 세상으로 나아갑니다. 저희의 삶이 문제 앞에서 좌절하는 삶이 아니라, 응답하시는 하나님을 신뢰하며 담대히 기도하는 삶이 되게 하여 주시옵소서. 그리하여 저희의 삶 자체가 "환난 중에 부르짖었더니 하나님께서 들으셨다"라는 살아있는 간증이 되게 하여 주옵소서. 예수 그리스도의 이름으로 기도 드렸습니다. 아멘.

7. 우리가 성전 되어, 하나님 영광을 드러내게 하소서

"내가 환난 중에서 여호와께 아뢰며 나의 하나님께 부르짖었더니 그가 그의 성전에서 내 소리를 들으심이여 그의 앞에서 나의 부르짖음이 그의 귀에 들렸도다" (시편 18:6)

감사와 찬양

저희의 기도 소리를 들으시는 하나님 아버지. 옛적에는 돌로 지은 성전에서 기도 소리를 들으셨지만, 이제는 예수 그리스도의 보혈로 거룩해진 저희의 마음과, 주님을 머리로 모신 이 교회 공동체를 친히 성전 삼아 거하시니 그 놀라운 은혜를 찬양합니다. 하늘 보좌에 계시면서 동시에 저희 안에 내주하시는 성삼위일체 하나님께만 모든 영광을 올려드립니다. 이 시간, 영과 진리로 드리는 저희의 예배를 기쁘게 받아주시옵소서.

회개와 고백

거룩하신 주님, 주님께서 저희의 몸과 마음을 성전 삼아주셨건만, 저희는 그 성전을 더럽혔음을 고백합니다. 저희는 주님께서 거하시는 저희의 마음에 세상의 온갖 탐욕과 유혹을 끌어들였고, 주님의 몸 된 교회를 사랑으로 세우기보다 저희의 생각과 말로 분열시키고 허물었습니다. 선하고 온전하신 주님의 뜻에 순종하기보다, 죄의 사슬에 묶여 합당치 않은 삶을 살았던 저희의 모든 죄와 허물을 주의 크신 은혜로 용서하여 주시옵소서.

간구와 중보

이 시간, 주님의 피 값으로 세우신 이 교회가 거룩한 성전으로 굳건히 세워지기를 기도합니다. 특별히 이 성전의 미래인 다음 세대를 위해 기도합니다. 주일학교로부터 청년부에 이르기까지, 저희 자녀들이 어릴 때부터 자신이 하나님의 거룩한 성전임을 깨닫고, 세상 문화에 물들지 않으며 구별된 삶을 살게 하여 주시옵소서. 이슬과 같은 청년들이 경건함과 거룩함으로 주님을 기쁘시게 하며, 주님의 영광을 위해 앞장서는 믿음의 용사들이 되게 하여 주옵소서.

단 위에서 말씀을 전하시는 목사님께 성령의 능력을 더하여 주시옵소서. 선포되는 말씀이 꿀송이같이 달게 하시고, 그 말씀을 양식 삼아 저희의 심령이 소생하며, 교회의 모든 지체가 그리스도의 장성한 분량까지 자라나는 부흥의 역사가 있게 하여 주시옵소서.

결단과 소망

이제 저희가 하나님의 영이 거하시는 살아있는 성전으로서 세상으로 나아갑니다. 저희의 삶이 더 이상 저희 자신의 것이 아니라 주님의 것임을 기억하게 하옵소서. 저희가 가는 곳마다, 저희가 하는 모든 일을 통해 하나님의 거룩하심과 영광이 드러나게 하시고, 세상이 저희의 모습을 통해 살아계신 하나님을 만나게 되는 역사가 있게 하여 주시옵소서. 예수 그리스도의 이름으로 기도드렸습니다. 아멘.

8. 가정의 환난 날에, 응답하시는 하나님

"나의 환난 날에 내가 주께 부르짖으리니 주께서 내게 응답하시리이다" (시편 86:7)

감사와 찬양

환난 날에 저희의 피난처가 되시고, 부르짖을 때에 귀를 기울이시는 신실하신 하나님 아버지. 저희가 흔들리고 넘어지는 삶의 폭풍 속에서도, 영원한 반석이 되시는 주님을 의지하여 예배의 자리로 나아옵니다. 특별히 저희에게 허락하신 가정을 주님의 날개 아래에 품어주시고, 모든 어려움 가운데서도 지키고 인도하여 주심에 감사와 찬양을 올려드립니다. 이 시간 드리는 예배를 통해 오직 주님만이 저희 가정의 참된 주인이심을 고백하게 하여 주시옵소서.

회개와 고백

모든 것을 아시는 주님, 저희는 주님께서 세우신 가정을 거룩하게 지키지 못했음을 고백합니다. 저희는 서로를 향해 신실한 마음으로 섬기기보다, 저희 자신의 주장과 욕심을 앞세우며 가정에 아픔과 상처를 주었습니다. 가장 가까운 가족에게 사랑의 말보다 상처의 말을 더 많이 했고, 밖에서는 친절하면서도 가정에서는 불평과 원망으로 가득했습니다. 저희의 이기심으로 인해 가정이 환난의 자리가 되었음을 회개하오니, 주님, 저희를 용서하여 주시고 주님의 사랑으로 다시 회복시켜 주시옵소서.

간구와 중보

이 시간, 저희 가정의 환난 날에 주님께 부르짖습니다. 부모 된 저희에게 지혜와 명철을 주사, 자녀들에게 믿음의 본을 보이고 사랑으로 양육하게 하옵소서. 저희의 자녀들에게는 효심을 더하여 주사, 부모를 공경하며 말씀에 순종하게 하옵소서. 부부 사이에는 주님의 마음을 부어 주사, 서로를 존중하며 아가페의 사랑으로 하나 되게 하여 주시옵소서. 그리하여 깨어지고 상처 입은 가정들이 치유되고, 모든 가정마다 주님의 평화가 강물처럼 흐르게 하여 주시옵소서.

말씀을 가지고 단 위에 서신 목사님을 성령의 능력으로 붙들어 주시옵소서. 선포되는 말씀이 상처 입은 저희의 가정에 주시는 치유의 말씀이 되게 하시고, 그 말씀을 붙들고 가정 안에 무너진 것들을 다시 세우는 개혁과 부흥의 역사를 경험하게 하여 주시옵소서.

결단과 소망

이제 저희가 환난 날에 응답하시는 주님을 신뢰하며 각 가정으로 돌아갑니다. 저희의 가정이 더 이상 문제와 다툼의 자리가 아니라, 서로를 위해 기도하며 함께 주님을 예배하는 작은 천국이 되게 하여 주시옵소서. 그리하여 세상의 깨어진 가정들이 저희 가정을 통해 소망을 발견하고, 응답하시는 하나님께로 돌아오는 놀라운 역사가 있게 하여 주시옵소서. 예수 그리스도의 이름으로 기도드렸습니다. 아멘.

9. 환난 때에 내가 그와 함께 하여 그를 건지리라

"그가 내게 간구하리니 내가 그에게 응답하리라 그들이 환난 당할 때에 내가 그와 함께 하여 그를 건지고 영화롭게 하리라" (시편 91:15)

감사와 찬양

사랑과 은혜가 충만하신 하나님 아버지. 저희가 환난 중에 부르짖을 때 외면하지 않으시고, 친히 저희와 함께하시며 건져주시고 영화롭게 하시는 그 놀라운 약속의 말씀을 인하여 감사와 찬양을 올려드립니다. 저희의 가장 큰 환난이었던 죄와 죽음의 문제에서 예수 그리스도를 통하여 저희를 건져주셨으니, 그 구원의 은혜를 어찌 다 갚을 수 있겠나이까. 이 시간, 저희의 피난처 되시는 주님만을 의지하며 온 마음과 정성을 다해 예배드립니다.

회개와 고백

환난 날에 저희와 함께하시는 주님, 저희는 주님을 온전히 신뢰하지 못했음을 고백합니다. 저희는 문제가 닥쳤을 때, 저희와 함께하시는 주님을 바라보기보다 두려움에 사로잡혔습니다. 주님께 간구하기보다, 저희의 힘과 지혜로 문제를 해결하려 애쓰며 교만했습니다. 또한 주님께서 저희에게 주신 모든 것을 주님의 영광을 위해 사용해야 했음에도, 저희의 안위를 위해서만 쌓아두었던 이기적인 청지기였음을 회개합니다. 이 모든 죄와 허물을 주님의 보혈로 깨끗이 씻어주시옵소서.

간구와 중보

이 시간, 환난 중에 있는 모든 이들을 위해 주님께 간구합니다. 먼저, 주님께서 피 값으로 세우신 이 땅의 교회들을 위해 기도합니다. 저희 교회가 이 지역 사회에서 죽어가는 영혼들을 살리는 구원의 방주가 되게 하시고, 사랑으로 이웃을 끌어안고 늘 힘써 기도하는 교회가 되게 하여 주시옵소서. 특별히 환난 가운데 있는 이 땅의 작은 교회들을 기억하여 주시옵소서. 재정의 어려움과 성도의 부족함으로 힘겨워하는 미자립교회와 산간벽지의 교회들이 부르짖을 때 주님께서 응답하시고, 그들과 함께하시며, 그들을 건지시고 영화롭게 하여 주시옵소서.

말씀을 듣고 단 위에 서신 목사님께 그리스도 보혈의 능력을 더하여 주시옵소서. 선포되는 말씀을 통해, 환난 중에 있는 성도들이 하나님의 신실하신 약속을 붙들게 하시고, 모든 두려움을 이기고 다시 일어서는 위로와 회복의 시간이 되게 하여 주시옵소서.

결단과 소망

이제 저희가 환난 중에 있는 자들을 건지시는 주님의 약속을 붙들고 세상으로 나아갑니다. 저희의 삶이 고통받는 이웃에게 주님의 위로를 전하는 통로가 되게 하옵소서. 저희가 먼저 주님의 신실하신 구원을 경험하고, 그 구원의 기쁨을 나누며 죽어가는 영혼들을 살리는 일에 저희의 삶을 드리게 하여 주시옵소서. 예수 그리스도의 이름으로 기도드렸습니다. 아멘.

10. 환난에서 우리를 건지시는 주님을 신뢰합니다

"의인은 환난에서 구원을 얻으나 악인은 자기의 길로 가느니라" (잠언 11:8)

감사와 찬양

사랑과 은혜가 풍성하신 하나님 아버지. 저희의 어떠한 행위가 아니라 오직 예수 그리스도를 믿는 믿음으로 저희를 의롭다 칭하여 주시고, 주님의 자녀 삼아주시니 감사드립니다. 의인은 환난에서 구원을 얻으리라 약속하신 주님, 그 신실하신 말씀을 의지하여 오늘 저희가 예배의 자리로 담대히 나아왔습니다. 이 시간 성령께서 저희의 예배를 주관하여 주사, 하나님께는 큰 영광이 되고 저희에게는 크나큰 은혜를 덧입는 귀한 시간이 되게 하여 주옵소서.

회개와 고백

의로우신 주님, 저희는 의인의 삶을 살지 못했음을 고백합니다. 주님께서 주신 의의 옷을 입고도, 저희는 여전히 세상의 유혹과 욕심에 빠져 죄의 길을 걸어갔습니다. 환난이 닥쳤을 때 주님의 구원을 신뢰하기보다, 저희의 상황을 비관하고 원망하며 믿음 없는 모습을 보였습니다. 주님께서 주신 의로운 신분을 망각하고 부끄러운 모습으로 살았던 저희를 용서하여 주시고, 오직 주님만을 갈망하며 의의 길을 좇아가는 저희가 되게 하여 주시옵소서.

간구와 중보

이 시간, 환난 중에 있는 지체들을 위해 주님께 부르짖습니다. 육체적, 정신적 고통으로 낙심한 이들이 있습니까? 주님, 그들의 슬픔과 어려움을 돌아보시고 마음의 참된 평안과 위로를 허락하여 주시옵소서. 질병으로 신음하는 성도들이 있다면, 그리스도 십자가의 능력으로 깨끗하게 치유하여 주시옵소서. 위로의 성령께서 그들의 마음을 만져 주사, 그들의 모든 환난이 변하여 주님의 구원을 간증하는 기회가 되게 하여 주시옵소서. 저희 모두에게 영적인 안목을 주사, 저희의 문제보다 더 높은 곳에 좌정하여 모든 것을 통치하시는 주님을 바라보게 하여 주옵소서.

말씀을 가지고 단 위에 서시는 목사님께 하나님의 영으로 충만케 하사 권세 있는 말씀을 전하게 하옵소서. 듣는 저희가 그 말씀을 '레마'의 말씀으로 받아, 환난을 이기는 능력을 얻고 주님의 뜻을 온전히 분별하는 깨달음의 은혜를 받게 하여 주시옵소서.

결단과 소망

이제 '의인은 환난에서 구원을 얻는다'는 주님의 신실한 약속을 붙들고 세상으로 나아갑니다. 저희가 어떤 어려움을 만나더라도 낙심하지 않게 하시고, 모든 것을 다스리시는 주님만을 바라보게 하옵소서. 그리하여 저희의 삶이 환난 속에서도 구원하시는 하나님의 능력을 증거하며, 하늘 아버지께 영광 돌리는 복된 삶이 되게 하여 주시옵소서. 예수 그리스도의 이름으로 기도드렸습니다. 아멘.

11. 겸손히 주께 나아갑니다

"주께서 곤고한 백성은 구원하시고 교만한 자를 살피사 낮추시리이다" (사무엘하 22:28)

감사와 찬양

곤고하고 피곤한 자를 일으키시는 하나님 아버지. 세상 속에서 지치고 상한 심령으로 주님 앞에 나아왔습니다. 세상은 강한 자를 높이고 교만한 자를 칭송하지만, 우리 주님께서는 오히려 낮고 천한 자, 마음이 가난한 자를 돌아보시고 구원하시는 분이심을 믿고 감사드립니다. 저희가 환난을 당할 때에 함께하시고, 저희의 부르짖음에 귀 기울이시는 그 한량없는 사랑과 은혜를 찬양합니다. 이 예배가 주님의 마음을 시원케 하는 향기로운 제물이 되게 하여 주시옵소서.

회개와 고백

전능하신 주님, 저희는 저희의 힘과 지혜를 의지하며 스스로 높아지려 했고, 주님 앞에 저희의 곤고함과 연약함을 정직하게 인정하기를 싫어했습니다. 저희의 연약함 때문에 주님께 감사하기보다 불평했고, 주님의 도우심을 구하기보다 저희 스스로 주인이 되어 살았습니다. 주님께서 낮추시는 교만한 자가 바로 저희였음을 고백하오니, 저희의 교만을 꺾으시고, 오직 주님만을 의지하는 겸손하고 가난한 심령을 허락하여 주시옵소서.

간구와 중보

이 시간, 저희 교회가 이 땅의 모든 곤고한 자들의 안식처가 되기를 기도합니다. 말씀을 듣고 단 위에 서신 목사님께 성령의 기름을 부으사, 선포되는 말씀을 통해 지치고 곤고한 모든 심령들이 새 힘을 얻고 영육 간에 강건해지는 역사가 일어나게 하여 주시옵소서.

교회 안에 세워진 모든 부서를 축복하여 주옵소서. 주일학교로부터 장년부에 이르기까지, 모든 부서가 서로를 돌아보며 함께 울고 함께 웃는 사랑의 공동체가 되게 하옵소서.

무엇보다, 세상에는 아직도 주님을 알지 못해 지치고 곤고한 영혼들이 많이 있습니다. 저희 교회가 그들에게 나아가, '주께서 곤고한 백성은 구원하신다'는 이 복된 소식을 전하는 구원의 방주가 되게 하여 주시옵소서. 모든 전도의 행사 위에 함께하사, 잃어버린 영혼들이 주님의 품으로 돌아오는 기적의 역사가 일어나게 하옵소서.

결단과 소망

이제 저희의 곤고함을 구원하시는 주님을 의지하여 세상으로 나아갑니다. 저희의 삶이, 저희 자신의 연약함이 아닌 저희를 구원하시는 하나님의 능력을 증거하게 하여 주시옵소서. 저희가 받은 위로로 다른 곤고한 자들을 위로하게 하시고, 저희의 삶을 통해 이 땅의 모든 겸손한 자들이 구원을 얻는 소망을 보게 하여 주시옵소서. 예수 그리스도의 이름으로 기도드렸습니다. 아멘.

12. 곤고한 자의 곤고를 멸시하지 않으시는 주님

"그는 곤고한 자의 곤고를 멸시하거나 싫어하지 아니하시며 그의 얼굴을 그에게서 숨기지 아니하시고 그가 울부짖을 때에 들으셨도다" (시편 22:24)

감사와 찬양

주님의 백성을 결코 포기하지 아니하시는 하나님 아버지. 십자가 위에서 "나의 하나님, 나의 하나님, 어찌하여 나를 버리셨나이까" 울부짖으셨던 주님의 고통을 외면하지 않으시고, 마침내 그 아들의 부르짖음을 들으사 사망에서 일으키신 하나님 아버지를 찬양합니다. 바로 그 주님의 고난과 응답하심 때문에, 이제 저희가 어떠한 곤고함 속에서 울부짖을지라도 주님께서 결코 저희를 멸시하거나 외면하지 않으실 것을 믿고 감사드립니다. 이 시간, 그 언약의 말씀을 붙들고 주님께 온전한 예배를 드리게 하여 주시옵소서.

회개와 고백

사랑의 하나님, 주님께서는 저희의 곤고함을 멸시하지 않으셨건만, 저희는 저희에게 상처 준 이웃의 곤고함을 멸시하고 용서하지 못했음을 고백합니다. 주님께서는 저희를 위해 얼굴을 숨기지 않으셨지만, 저희는 고통받는 이웃을 보고도 얼굴을 돌려 외면했습니다. 저희를 축복해 준 믿음의 사람들을 사랑으로 품지 못하고, 저희의 완악함으로 상처를 주었던 모든 죄를 회개하오니, 그리스도의 십자가 보혈로 저희를 정결하게 하여 주시옵소서.

간구와 중보

이 시간, 저희 가운데 있는 곤고한 지체들을 위해 주님께 울부짖습니다. 구구절절 아뢰지 못하는 깊은 탄식까지도 들으시는 주님, 사업의 어려움과 질병의 아픔, 관계의 고통과 자녀의 문제, 물질의 부족함으로 신음하는 모든 영혼들의 부르짖음을 들어주시옵소서. 주님의 얼굴을 그들에게서 숨기지 마시고, 친히 찾아가사 위로하시고 회복시켜 주시옵소서. 그들의 절망이 소망으로, 슬픔이 기쁨으로, 눈물이 간증이 되는 역사를 경험하게 하여 주옵소서.

단 위에 서신 목사님께 은혜를 더하여 주사, 선포되는 말씀을 통해 저희가 하나님의 위로를 깊이 경험하게 하시고, 내일의 삶에 대한 새로운 각오와 결단을 다지게 하여 주시옵소서. 저희 교회가 이 지역 사회의 곤고한 자들을 품고 그들의 울부짖음을 함께 아뢰는 기도의 집이 되게 하여 주옵소서.

결단과 소망

이제 저희의 울부짖음을 들으시고 결코 외면하지 않으시는 주님의 사랑을 힘입어 세상으로 나아갑니다. 저희의 삶이 고난 속에서도 절망하지 않고, 응답하시는 하나님을 신뢰하는 믿음의 본이 되게 하여 주시옵소서. 그리하여 저희의 삶을 통해 이 세상의 모든 곤고한 자들이 소망을 얻고, 저희와 함께 주님을 찬양하게 하여 주시옵소서. 예수 그리스도의 이름으로 기도드렸습니다. 아멘.

13. 우리 걸음을 곤고치 않게, 실족지 않게 하시는 주님

"다닐 때에 네 걸음이 곤고하지 아니하겠고 달려갈 때에 실족하지 아니하리라" (잠언 4:12)

감사와 찬양

우리의 걸음을 지켜 주시는 하나님 아버지. 광야 같은 인생길에서 저희의 갈 길을 알지 못할 때에도, 친히 불기둥과 구름 기둥으로 저희의 걸음을 지켜주시고 인도하시는 그 신실하심을 찬양합니다. 태초부터 저희를 택하시고, 주님의 지혜를 따르는 자는 그 걸음이 곤고하지 않고 달려가도 실족하지 않으리라 약속하신 주님, 그 변함없는 사랑에 감사하며 이 시간 온 마음과 정성으로 예배드립니다.

회개와 고백

인도자 되시는 주님, 저희는 주님께서 인도하시는 지혜의 길을 버리고 어리석은 길로 달려갔음을 고백합니다. 저희는 주님의 뜻을 저버리고 저희의 욕심을 따라 걷다가 죄의 가시덤불에 걸려 넘어졌습니다. 주님께서 날마다 은혜로 채워주셨음에도, 저희의 연약함을 핑계 삼아 주님의 손을 놓고 세상의 넓은 길로 향했던 저희의 불순종을 용서하여 주시옵소서. 그리스도의 보혈로 저희의 그릇된 발자국을 지워주시고, 다시는 실족하지 않도록 저희를 굳게 붙들어 주시옵소서.

간구와 중보

이 시간, 저희 공동체의 모든 지체들의 걸음을 위해 기도합니다. 특별히 질병으로 인해 그 걸음이 곤고해진 성도들을 위해 기도합니다. 병상에 누워 있는 교우들이 실족하지 않도록 믿음을 붙들어 주시고, 치유의 성령께서 찾아가사 모든 질병이 떠나가게 하여 주옵소서. 또한 삶 속에서 실족하여 낙망하고 포기한 자들이 있다면, 주님께서 친히 손 내미시어 다시 일으켜 주시고, 새 힘을 얻어 주님께로 돌아오게 하여 주옵소서.

교회를 이끄는 모든 중직자들과 직분자들의 걸음을 지켜주시옵소서. 그들이 먼저 주님의 지혜 안에 굳게 서서, 양 떼를 바른길로 인도하는 신실한 목자들이 되게 하여 주옵소서. 말씀을 붙들고 단 위에 서시는 목사님께 성령의 강권하심을 허락하시어, 선포되는 말씀이 저희의 피곤한 심령을 깨우고 저희가 나아갈 길을 밝히 비추는 등불이 되게 하여 주시옵소서.

결단과 소망

이제 저희의 걸음을 지켜주시는 주님의 약속을 붙들고 세상으로 나아갑니다. 저희의 발걸음이 더 이상 죄와 절망의 길이 아닌, 지혜와 생명의 길이 되게 하여 주시옵소서. 저희에게 주신 각양의 은사들을 사용하여 길 잃은 이들을 주님께로 인도하는 복된 걸음을 걷게 하시고, 저희의 삶 전체가 주님의 인도하심을 증거하는 순례의 여정이 되게 하여 주옵소서. 예수 그리스도의 이름으로 기도드렸습니다. 아멘.

14. 형통과 곤고를 병행하시는 하나님의 지혜

"형통한 날에는 기뻐하고 곤고한 날에는 되돌아 보아라 이 두 가지를 하나님이 병행하게 하사 사람이 그의 장래 일을 능히 헤아려 알지 못하게 하셨느니라" (전도서 7:14)

감사와 찬양

저희 삶의 모든 순간을 주관하시는 지혜의 하나님. 저희에게 기쁨이 가득한 형통한 날을 허락하시고, 때로는 저희의 믿음을 깊게 하는 곤고한 날을 지나게 하시는 그 오묘한 섭리를 찬양합니다. 저희가 장래 일을 능히 알 수 없기에, 오히려 하루하루 주님의 손길만을 의지하게 하시니 감사드립니다. 저희가 누리는 모든 평안이 주님께로부터 왔음을 믿으며, 이 시간 온전한 예배를 드리게 하여 주시옵소서.

회개와 고백

사랑과 용서의 하나님, 이 시간 저희의 어리석음을 고백합니다. 저희는 형통한 날에 교만했습니다. 저희가 누리는 모든 것이 주님의 선물임을 잊고, 저희의 힘으로 이룬 양 자랑하며 주님께 감사하지 못했습니다. 또한 저희는 곤고한 날에 절망했습니다. 그날에 주님의 뜻을 되돌아보기보다, 저희의 상황을 원망하고 불평하며 주님을 신뢰하지 못했습니다. "항상 기뻐하라, 쉬지 말고 기도하라, 범사에 감사하라"는 주님의 뜻에 순종하지 못했던 저희의 부끄러운 모습을 용서하여 주시옵소서.

간구와 중보

이 시간, 주님의 손에 붙들린 이 나라와 이 민족을 위해 기도합니다. 형통함 가운데 있는 남한 땅의 백성들이 교만하지 않고, 이 모든 번영을 주신 하나님께 감사하며 세계를 향한 축복의 근원이 되게 하여 주시옵소서. 또한, 칠흑 같은 곤고한 날을 보내고 있는 북녘땅의 동포들을 긍휼히 여겨주시옵소서. 그들의 신음 소리를 들으시고, 저 압제의 벽을 허무사 복음의 빛이 들어가게 하시며, 평양 대부흥의 불길이 다시 타오르는 그날이 속히 오게 하여 주옵소서.

말씀을 전하시는 목사님께 성령의 충만함을 더하여 주시옵소서. 선포되는 말씀을 통해 저희가 삶의 모든 순간에 함께하시는 하나님을 발견하게 하시고, 저희의 마음이 새로워져 하나님 나라에 대한 소망과 의지가 더욱 불타오르게 하여 주시옵소서.

결단과 소망

이제 저희가 형통한 날에나 곤고한 날에나, 모든 것을 주관하시는 하나님만을 신뢰하며 살기로 결단합니다. 저희의 장래 일을 알 수 없기에, 오히려 하루하루 주님을 더욱 의지하게 하옵소서. 저희의 삶이 어떤 계절을 지나든지, 그 모든 것을 통해 합력하여 선을 이루시는 주님을 찬양하며, 하나님 나라에 대한 소망을 더욱 굳건히 붙잡는 저희가 되게 하여 주시옵소서. 예수 그리스도의 이름으로 기도드렸습니다. 아멘.

15. 가난한 백성을 남겨두사, 보호하시는 하나님

"내가 곤고하고 가난한 백성을 네 가운데에 남겨 두리니 그들이 여호와의 이름을 의탁하여 보호를 받을지라" (스바냐 3:12)

감사와 찬양

늘 저희를 눈동자같이 보호해 주시는 사랑의 하나님 아버지. 어린아이가 부모의 손을 놓으면 한순간도 안전할 수 없듯이, 저희 또한 하나님의 보호의 손길을 떠나서는 단 하루도 살아갈 수 없는 연약한 존재임을 고백합니다. 저희의 유일한 피난처 되시는 주님, 그 강하고 의로우신 팔로 저희를 붙드시는 은혜에 감사하며 이 시간 온 마음과 정성으로 예배드립니다. 이 예배가 주님을 온전히 경외하며 기쁘시게 하는 시간이 되게 하여 주옵소서.

회개와 고백

전능하신 주님, 저희는 곤고하고 가난한 마음으로 주님을 의지하기보다, 세상의 부요함을 좇아 교만했음을 고백합니다. 저희는 주님의 보호하심에 감사하기보다, 저희가 가진 것들을 의지하며 스스로 안전하다 착각했습니다. 주님께서 저희를 이처럼 사랑으로 보호해 주셨음에도, 저희는 아직 그 보호 아래 있지 않은 세상에 영적으로 가난한 자들을 긍휼히 여기지 못하고, 그들에게 목숨 걸고 복음을 전해야 할 사명을 게을리했던 저희의 무정함을 용서하여 주시옵소서.

간구와 중보

이 시간, 주님의 교회가 이 땅의 피난처가 되기를 기도합니다. 주님의 피 값으로 세우신 이 땅의 모든 교회가 세상의 힘이 아닌 오직 여호와의 이름을 의탁하여 보호를 받는 거룩한 남은 자가 되게 하여 주시옵소서. 그리하여 세상 속에서 방황하는 영혼들에게 빛과 소금의 역할을 감당하며, 구령의 열정을 가지고 죽어가는 이들을 살리는 구원의 방주가 되게 하여 주옵소서.

말씀을 들고 단 위에 서신 목사님께 성령의 권능을 더하여 주시옵소서. 선포되는 말씀을 통해, 저희의 교만한 마음이 낮아지게 하시고, 오직 주님만을 의지하는 가난한 심령마다 주님의 보호하심을 체험하는 시간이 되게 하여 주옵소서. 그리하여 상한 심령들이 치유받고 다시 일어서는 능력을 경험하게 하여 주시옵소서.

결단과 소망

이제 저희를 눈동자같이 보호하시는 주님을 의지하여 세상으로 나아갑니다. 저희의 삶이 세상의 안전이 아닌 하나님의 보호하심을 신뢰하는 믿음의 본이 되게 하여 주시옵소서. 그리하여 저희의 삶을 통해, 불안과 두려움 속에 살아가는 이 세상의 곤고하고 가난한 백성들이 참된 피난처이신 여호와의 이름께로 돌아와 보호를 받는 놀라운 역사가 있게 하여 주시옵소서. 예수 그리스도의 이름으로 기도드렸습니다. 아멘.

16. 그 어떤 것도 우리를 끊을 수 없으리라

"누가 우리를 그리스도의 사랑에서 끊으리요 환난이나 곤고나 박해나 기근이나 적신이나 위험이나 칼이랴" (로마서 8:35)

감사와 찬양

영원한 사랑이신 하나님 아버지. 어떠한 환난이나 곤고나 박해도, 어떠한 기근이나 위험이나 칼도, 저희를 향한 주님의 사랑에서 단 한순간도 끊을 수 없음을 믿고 감사와 찬양을 드립니다. 십자가의 대속의 죽음으로 저희를 향한 당신의 사랑을 확증하시고, 죄와 멸망의 사슬을 끊어 구원의 자유를 누리게 하시니 그 깊고 넓은 은혜를 어찌 다 표현할 수 있겠나이까. 이 시간, 그 변함없는 사랑을 의지하여 진실한 예배를 드리게 하여 주시옵소서.

회개와 고백

사랑의 하나님, 저희는 주님의 그 끊을 수 없는 사랑을 자주 의심했음을 고백합니다. 저희는 작은 환난 앞에서도 주님께서 저희를 버리신 것은 아닌지 두려워했고, 곤고한 날에는 주님의 사랑을 느끼지 못한다며 원망했습니다. 십자가에서 확증된 그 위대한 사랑을 잊고, 눈에 보이는 상황과 환경에 따라 주님을 온전히 따르지 못했던 저희의 연약한 믿음을 용서하여 주시옵소서. 저희 자신을 쳐 복종시키며 늘 주님의 선한 일을 감당하는 저희가 되게 하여 주옵소서.

간구와 중보

이 시간, 그리스도의 사랑 안에 굳게 서는 교회가 되기를 기도합니다. 특별히 지금 이 순간에도 환난과 박해, 기근과 위험 속에서 주님을 예배하는 전 세계의 형제자매들을 위해 기도합니다. 그 어떤 것도 저희를 그리스도의 사랑에서 끊을 수 없다는 이 약속의 말씀이 그들의 위로와 힘이 되게 하여 주시고, 모든 고난을 이기고도 남을 승리를 허락하여 주시옵소서.

말씀을 듣고 강단에 서신 목사님께 능력을 부어 주시사, 저희를 넉넉히 이기게 하시는 그리스도의 사랑의 너비와 길이와 높이와 깊이를 힘 있게 선포하게 하여 주시옵소서. 그 말씀을 통해 저희의 삶이 명철의 도구가 되며, 어떠한 위험 속에서도 풍성히 사랑할 수 있는 화평의 능력을 얻게 하옵소서. 교회를 맡은 모든 제직들이 이 사랑의 능력으로 헌신하게 하시고, 교회가 계획하는 모든 행사에 풍성한 열매가 맺어지게 하옵소서.

결단과 소망

이제 저희를 향한 하나님의 끊을 수 없는 사랑을 확신하며 세상으로 나아갑니다. 저희의 삶에 어떤 어려움이 닥쳐올지라도, 그 모든 일 속에서 저희를 사랑하시는 이로 말미암아 넉넉히 이기게 하실 줄 믿습니다. 저희의 삶이 이 위대한 사랑을 증거하는 통로가 되게 하시고, 세상의 모든 두려움 속에 있는 영혼들에게 이 흔들리지 않는 소망을 전하게 하여 주시옵소서. 예수 그리스도의 이름으로 기도드렸습니다. 아멘.

17. 균등하게 하려 하심이라, 주님의 공의로우신 뜻

"이는 다른 사람들은 평안하게 하고 너희는 곤고하게 하려는 것이 아니요 균등하게 하려 함이니" (고린도후서 8:13)

감사와 찬양

공평하고 공의로우신 하나님 아버지. 가난한 자와 과부, 나그네를 위해 밭의 이삭을 남겨두라 명하시고, 때를 따라 낮은 자를 높이시며 높은 자를 낮추시는 주님의 긍휼하신 은혜에 감사와 찬양을 올려드립니다. 다른 이들이 곤고해짐으로 저희가 평안하기를 원치 않으시고, 모든 지체가 서로의 부족함을 채워주며 균등함을 이루기를 원하시는 주님의 지혜로우신 뜻을 경배합니다. 이 시간, 영과 진리로 드리는 저희의 예배를 받아주시옵소서.

회개와 고백

공평하신 하나님, 저희는 주님께서 주신 풍요 속에서 이웃을 잊고 살았음을 고백합니다. 저희는 구원의 은혜를 저희만의 특권인 양 여기는 교만한 선민의식에 빠져, 아직 복음을 받지 못한 자들과 고통받는 이웃들의 어려움을 외면했습니다. 저희의 넉넉함이 다른 이들의 부족함을 채우는 통로가 되기보다, 저희 자신만의 평안을 위한 성벽이 되었음을 회개하오니, 저희의 이기심과 무정함을 용서하여 주시옵소서.

간구와 중보

이 시간, 저희 교회가 주님의 '균등함'의 원리를 실천하는 공동체가 되기를 기도합니다. 특별히 물질적 어려움과 가난, 고난 중에 있는 성도들을 위해 기도합니다. 주님, 하늘 창고를 여셔서 그들의 모든 필요를 공급하여 주시고, 생활하는 데 모자람이 없도록 땅의 기름진 것으로 채워주시옵소서. 또한 주님, 저희가 그 기도의 응답이 되게 하여 주시옵소서. 저희의 손을 펴서 나누게 하시고, 저희의 마음을 열어 함께 아파하게 하시며, 저희의 나눔을 통해 주님의 공급하시는 은혜가 그들에게 흘러가게 하여 주옵소서.

말씀을 듣고 단 위에 서신 목사님께 영력을 더하여 주시옵소서. 선포되는 말씀을 통해 저희의 이기적인 마음이 깨어지게 하시고, 나눔과 섬김의 삶을 살기로 결단하는 시간이 되게 하여 주옵소서. 그리하여 저희의 마음이 새로워지고, 하나님 나라에 대한 소망과 의지가 더욱 불타오르게 하여 주시옵소서.

결단과 소망

이제 저희가 더 이상 저희의 것만을 주장하는 삶이 아니라, 모든 좋은 것을 이웃과 나누며 그리스도의 사랑을 실천하는 삶을 살기로 결단합니다. 저희 교회가 이기적인 세상 속에서 서로의 부족함을 채워주고 함께 기뻐하는 '균등함'의 원리를 보여주는 증거가 되게 하여 주시옵소서. 그리하여 세상이 저희의 모습을 통해, 모든 것을 공평하게 나누기 원하시는 하나님의 사랑을 보고 주께 돌아오게 하여 주옵소서. 예수 그리스도의 이름으로 기도드렸습니다. 아멘.

18. 약할 때 강함 되시는 주님, 오직 주님만 의지합니다

"그러므로 내가 그리스도를 위하여 약한 것들과 능욕과 궁핍과 박해와 곤고를 기뻐하노니 이는 내가 약한 그 때에 강함이라" (고린도후서 12:10)

감사와 찬양

우리의 약함이 강함 되게 하시는 하나님 아버지. 세상은 강한 것을 자랑하지만, 주님께서는 오히려 저희의 약함 가운데 당신의 능력이 온전해짐을 보여주시니 그 놀라운 역설의 진리를 찬양합니다. 죄로 인해 교만하고 완악한 저희를 구원하시기 위해, 가장 약한 모습인 십자가의 길을 걸으사 가장 위대한 능력인 부활의 승리를 이루신 주님께 감사와 영광을 올려드립니다. 이 시간, 저희의 강함이 아닌 주님의 강함만을 의지하며 예배하게 하여 주시옵소서.

회개와 고백

자비로우신 하나님, 저희는 주님의 능력이 머무는 통로가 되기보다, 저희 자신의 힘으로 강해지려고 애쓰며 교만했습니다. 약한 것들과 능욕과 궁핍과 박해와 곤고가 찾아올 때, 그것을 기뻐하기는커녕 불평하고 원망하며 주님을 온전히 신뢰하지 못했습니다. 저희의 연약함을 용서하여 주시고, 저희의 약함 속에서 온전해지는 주님의 능력을 바라보는 믿음의 눈을 열어주시옵소서.

간구와 중보

이 시간, 저희 가운데 있는 모든 연약한 심령들을 위해 기도합니다. 차마 말 못 할 어려움과 약함을 가지고 주님 앞에 나온 지체들이 있습니까? 모든 것을 아시는 주님께서 그들의 마음을 위로하시고, 그들의 연약한 심령 속에 내주하시는 성령님의 인도하심으로, '내가 약한 그때에 곧 강함이라'는 주님의 약속을 친히 체험하게 하여 주시옵소서. 교회 공동체에도 털어 놓지 못하는 그들의 사정과 형편이, 주님 앞에서는 힘과 소망과 응답이 되는 기적을 보게 하여 주옵소서.

단 위에 서시는 목사님께 영력과 권위를 더하여 주시옵소서. 선포되는 말씀을 통해 저희가 세상의 강함이 아닌 그리스도의 강함을 사모하게 하시고, 저희의 약함을 통해 일하시는 하나님의 능력을 신뢰하며 순종하는 결단을 하게 하여 주시옵소서.

결단과 소망

이제 저희가 더 이상 저희의 약함을 두려워하지 않고, 오히려 그리스도의 능력이 머무는 기회로 여기며 살아가기를 결단합니다. 저희의 삶이 저희의 강함이 아닌 주님의 강함을 자랑하게 하시고, 저희의 연약함을 통해 주님의 긍휼과 사랑이 이웃에게 흘러가는 축복의 통로가 되게 하여 주시옵소서. 그리하여 저희의 삶 전체가 약할 때 강함 되시는 주님의 이름을 증거하는 찬양이 되게 하여 주옵소서. 예수 그리스도의 이름으로 기도드렸습니다. 아멘.

19. 내일 일을 염려하지 말라, 참된 평안을 주시는 주님

"그러므로 내일 일을 위하여 염려하지 말라 내일 일은 내일이 염려할 것이요 한 날의 괴로움은 그 날로 족하니라" (마태복음 6:34)

감사와 찬양

사랑과 은혜가 풍성하신 하나님 아버지. 공중의 새를 먹이시고 들의 백합화를 입히시는 자비로우신 주님, 저희의 모든 필요를 저희보다 더 잘 아시고 가장 좋은 것으로 채워주시는 그 신실하신 사랑을 찬양합니다. 저희에게 "내일 일을 위하여 염려하지 말라"라고 말씀하시며, 모든 삶의 짐을 맡아주시는 주님이 계시기에, 오늘 저희가 참된 평안 가운데 예배드릴 수 있음을 감사드립니다.

회개와 고백

저희의 죄와 허물을 용서해 주시는 하나님, 이 시간 저희의 믿음 없음을 고백합니다. 저희는 하나님의 나라와 그의 의를 먼저 구하기보다, 무엇을 먹을까, 무엇을 마실까, 무엇을 입을까 염려하며 이방인들처럼 살았습니다. 저희의 연약한 믿음으로 주님의 마음에 근심을 안겨드렸고, 탐욕과 분쟁으로 저희의 삶과 공동체를 어지럽혔습니다. 이 모든 이기적인 욕망과 불신앙의 죄를 용서하여 주시고, 오직 주님만으로 만족하며 오늘을 살아가는 순전한 삶을 회복시켜 주시옵소서.

간구와 중보

이 시간, 저희의 모든 염려를 주님께 맡기며 간구합니다. 말씀을 전하시는 목사님께 성령의 지혜와 능력을 더하여 주사, 선포되는 말씀을 통해 저희의 모든 불안과 두려움이 떠나가게 하시고, 저희의 영의 눈이 밝아져 하나님의 선하심을 보게 하여 주시옵소서.

저희가 모든 염려를 주께 맡기고, 이제 주님께서 맡겨주신 사명을 온전히 감당하게 하옵소서. 저희 교회가 초대교회와 같이 순수한 사랑을 나누고, 세상이 감당 못 할 믿음으로 죽어가는 영혼들을 구원하는 일에 힘쓰게 하여 주시옵소서. 교회에 세우신 제직들과 각 부서들이 맡겨진 사명을 충성스럽게 감당할 때, 염려가 아닌 기쁨으로 행하게 하여 주옵소서. 그리하여 저희가 온전한 그리스도의 일꾼이 되어, 헤어 나오기 어려울 것 같은 고난 속에서도 오직 주님만 신뢰하며 교회의 사명을 이루어 가게 하옵소서.

결단과 소망

이제 저희의 모든 염려와 근심을 주님의 십자가 아래 내려놓고, 주님께서 주시는 평안을 가지고 세상으로 나아갑니다. 저희의 삶이 더 이상 내일 일에 대한 두려움에 묶이는 삶이 아니라, 날마다 일용할 은혜를 공급하시는 하나님을 신뢰하는 자유의 삶이 되게 하여 주시옵소서. 그리하여 저희의 평안한 모습을 통해, 염려에 찌든 세상이 참된 안식처이신 주님께로 돌아오는 놀라운 역사가 있게 하여 주옵소서. 예수 그리스도의 이름으로 기도 드렸습니다. 아멘.

20. 평안하여 든든히 서 가는 교회가 되게 하소서

"그리하여 온 유대와 갈릴리와 사마리아 교회가 평안하여 든든히 서 가고 주를 경외함과 성령의 위로로 진행하여 수가 더 많아지니라" (사도행전 9:31)

감사와 찬양

모든 교회의 주인이시며 머리가 되시는 하나님 아버지. 저희를 홀로 두지 않으시고 주님의 몸 된 교회로 불러주시어, 한 지체로서 함께 예배하며 사랑을 나누는 복된 삶을 허락하시니 감사드립니다. 초대교회 위에 임하셨던 주님의 은혜를 사모하며, 저희 교회 또한 평안하여 든든히 서 가고 주를 경외함과 성령의 위로로 부흥케 하실 주님을 찬양합니다. 이 시간, 아벨과 같이 순전한 마음으로 드리는 저희의 예배를 기쁘게 받아주시옵소서.

회개와 고백

긍휼의 하나님, 저희는 평안하여 든든히 서 가는 교회가 되지 못했음을 고백합니다. 저희는 주님을 경외하기보다 사람을 두려워했고, 성령의 위로를 구하기보다 세상의 쾌락으로 스스로를 위로했습니다. 저희의 이기심과 헛된 욕망으로 교회 안의 평안을 깨뜨렸고, 거룩한 교회를 든든히 세우기보다 저희의 생각과 말로 교회를 허물 때가 많았습니다. 주님의 몸 된 교회를 아프게 했던 저희의 죄의 본성을 깨뜨려주시고, 그리스도의 사랑으로 저희를 가득 채워주시옵소서.

간구와 중보

저희 안에 있는 모든 갈등과 분열이 사라지고, 서로 용납하며 사랑으로 하나 되는 평안을 허락하여 주옵소서. 그 평안의 반석 위에 교회가 든든히 세워져 가게 하옵소서. 또한, 주를 경외함과 성령의 위로로 진행하게 하여 주시옵소서. 말씀을 듣고 단 위에 서신 목사님께 권능을 더하사, 선포되는 말씀을 통해 저희가 하나님을 더욱 경외하게 하시고, 성령의 깊은 위로를 경험하게 하옵소서. 특별히, 전 세계에 파송된 선교사님들에게 성령의 위로를 부어주시옵소서. 그들이 외롭고 지칠 때마다 찾아가 주사, 모든 어려움을 이길 새 힘을 얻게 하시고, 그들의 사역과 가정이 주님 안에서 평안하며 든든히 서 가게 하여 주시옵소서. 그리하여, 교회의 수가 더 많아지게 하여 주시옵소서. 저희 교회가 안으로 건강하게 세워져, 밖으로는 죽어가는 영혼을 살리는 구원의 방주가 되게 하여 주옵소서. 많은 성도들이 힘써 교회를 사랑하며 충성 봉사함으로, 이 지역 사회에 빛과 소금이 되는 교회의 사명을 온전히 감당하게 하여 주시옵소서.

결단과 소망

이제 저희가 초대교회의 아름다운 모습을 본받아, 평안하여 든든히 서 가는 교회를 세우는 일에 저희의 삶을 드리기로 결단합니다. 저희 각자가 먼저 주를 경외하고 성령의 위로 가운데 거하게 하시고, 저희의 헌신과 봉사를 통해 이 교회가 어두운 세상에 빛을 발하며 죽어가는 영혼을 구원하는 생명의 공동체가 되게 하여 주시옵소서. 예수 그리스도의 이름으로 기도드렸습니다. 아멘.

21. 사랑으로 섬기게 하소서

"너희가 먹고 마실 집이 없느냐 너희가 하나님의 교회를 업신여기고 빈궁한 자들을 부끄럽게 하느냐 내가 너희에게 무슨 말을 하랴 너희를 칭찬하랴 이것으로 칭찬하지 않노라" (고린도전서 11:22)

감사와 찬양

우리를 늘 눈동자같이 돌아보시는 하나님 아버지. 부요하신 자로서 저희를 위하여 가난하게 되사, 저희의 가난함으로 말미암아 저희를 부요하게 하신 우리 주 예수 그리스도의 은혜를 찬양합니다. 세상의 기준으로 저희를 판단하지 않으시고, 가난하고 빈궁한 자들을 오히려 택하여 믿음에 부요하게 하시는 주님의 그 놀라운 사랑에 감사하며 이 시간 온 마음과 정성으로 예배드립니다.

회개와 고백

사랑과 용서의 하나님, 저희는 저희의 풍요 속에서 가난한 형제의 배고픔을 잊었고, 저희의 편안함 속에서 고통받는 이웃의 신음을 외면했습니다. 저희의 만족과 유익을 먼저 추구하며 형제를 내 몸처럼 사랑하지 못했던 이기심을 회개하오니 용서하여 주시옵소서. 저희의 무정한 마음을 깨뜨리시고, 그리스도의 긍휼한 마음을 부어주시옵소서.

간구와 중보

이 시간, 저희 교회가 주님의 칭찬을 받는 교회가 되기를 기도합니다. 말씀을 들고 단 위에 서신 목사님께 하나님의 영이 함께하셔서, 저희의 이기심을 깨뜨리고 이웃 사랑을 실천하게 하는 능력의 말씀을 선포하게 하여 주시옵소서. 그 말씀을 통해 저희의 마음이 새로워지고, 저희의 삶이 변화되는 역사가 있게 하여 주옵소서.

저희 교회가 가난하고 소외된 이웃들의 참된 친구가 되게 하여 주시옵소서. 교회에 세워진 각 부서들이, 특별히 재정과 행정을 맡은 부서들이 지혜롭게 일하게 하사, 저희가 드리는 예물이 주님의 사랑을 실천하는 일에 귀하게 사용되게 하여 주옵소서. 저희 모두가 주님께서 맡겨주신 시간과 재물의 선한 청지기가 되어, 하나님의 나라를 확장하며 이웃 사랑을 실천하게 하여 주옵소서.

결단과 소망

이제 저희가 예배를 마치고 세상으로 나아갈 때, 저희의 삶이 빈궁한 자들의 친구가 되게 하여 주시옵소서. 저희의 손이 나누는 손이 되게 하시고, 저희의 발이 고통받는 이들을 찾아가는 발이 되게 하옵소서. 그리하여 저희 교회가 주님의 칭찬을 받는 교회, 세상 속에서 하나님의 공의와 사랑을 드러내는 참된 빛과 소금이 되게 하여 주시옵소서. 예수 그리스도의 이름으로 기도드렸습니다. 아멘.

22. 몸 된 교회를 세우는, 다양한 은사를 주신 하나님

"하나님이 교회 중에 몇을 세우셨으니 첫째는 사도요 둘째는 선지자요 셋째는 교사요 그 다음은 능력을 행하는 자요 그 다음은 병 고치는 은사와 서로 돕는 것과 다스리는 것과 각종 방언을 말하는 것이라" (고린도전서 12:28)

감사와 찬양

사랑과 은혜가 풍성하신 하나님 아버지. 모든 좋은 은사와 온전한 선물의 주인이신 주님께 모든 영광과 찬송을 올려드립니다. 저희를 홀로 부르지 않으시고 그리스도의 한 몸 된 교회의 지체로 삼아 주사, 각양의 신령한 은사를 허락하시니 감사드립니다. 저희의 예배가 서로 돕고, 세워주며, 회복시키는 아름다운 교제를 통해 주님께 영광 돌리는 영적 부흥의 통로가 되게 하여 주시옵소서.

회개와 고백

사랑의 주님, 저희는 주님께서 주신 귀한 보화를 저희 자신만을 위해 사용했음을 고백합니다. 저희는 다른 지체가 받은 은사를 시기하고 질투했으며, 반대로 저희가 받은 은사를 교만하게 자랑하며 공동체를 섬기기보다 저희 자신을 드러내려 했습니다. 주님의 몸 된 교회를 세우는 일에 저희의 은사를 사용하기를 게을리하고, 한 주간도 죄의 무거운 짐을 지고 살았던 저희의 부족함을 아시는 주님, 간절히 회개하오니 용서하여 주시옵소서.

간구와 중보

이 시간, 저희 교회가 각 지체에게 주신 은사로 아름답게 세워지기를 기도합니다. 저희 각자에게 허락하신 기쁨의 재능들을 발견하게 하시고, 그것을 낭비하지 않고 주님의 교회를 세우며 이웃을 섬기는 일에 풍성하게 사용하게 하여 주시옵소서. 특별히 저희에게 주신 가장 큰 은사인 사랑으로 모든 것을 행하게 하옵소서. 그리하여 저희 교회가 죽어가는 영혼들을 위해 기도하며 복음을 전하는 일에 더욱 힘쓰는 선교적 공동체가 되게 하여 주옵소서.

말씀을 준비하여 단 위에 서신 목사님께 빛을 비추어 주시옵소서. 선포되는 말씀을 통해 저희가 받은 은사의 소중함을 깨닫게 하시고, 모든 지체가 서로를 존귀하게 여기며 한 몸을 이루어가는 감동과 감화의 시간이 되게 하여 주시옵소서. 그 은혜로 저희의 삶에 전인격적인 변화가 일어나게 하여 주옵소서.

결단과 소망

이제 저희가 한 몸의 여러 지체로서, 각자에게 주신 은사를 따라 서로를 돕고 세워주기로 결단합니다. 저희의 섬김이, 저희의 헌신이, 저희의 나눔이 모여 그리스도의 몸을 온전히 이루게 하옵소서. 그리하여 저희 교회가 세상 속에서 하나님의 살아계심과 그분의 다채로운 지혜를 드러내는 건강하고 능력 있는 공동체가 되게 하여 주시옵소서. 예수 그리스도의 이름으로 기도드렸습니다. 아멘.

23. 신령한 것을 사모하게 하소서

"그러므로 너희도 영적인 것을 사모하는 자인즉 교회의 덕을 세우기 위하여 그것이 풍성하기를 구하라" (고린도전서 14:12)

감사와 찬양

사랑이 많으신 하나님 아버지, 저희를 구원하여 주실 뿐만 아니라, 주님의 몸 된 교회의 한 지체로 삼아주시고, 교회를 세우는 일에 동참할 수 있도록 신령한 은사를 사모하게 하시니 그 크신 은혜에 감사드립니다. 이 시간 저희가 드리는 예배가 저희 자신을 위한 예배를 넘어, 서로를 세워주고 교회의 덕을 세우는 거룩한 산 제사가 되게 하여 주시옵소서.

회개와 고백

거룩하신 주님, 저희는 영적인 것을 사모하되, 교회의 덕을 세우기 위함이 아니었음을 고백합니다. 저희는 다른 사람에게 보이기 위한 신령함을 구했고, 저희 자신의 영적 만족과 자랑을 위해 은사를 구했습니다. 저희의 불평과 불만은, 저희의 시선이 교회의 유익이 아닌 저희 자신의 부족함에만 머물러 있었기 때문입니다. 저희의 이기적인 동기를 용서하여 주시고, 저희의 마음을 돌이키사 땅의 것이 아닌 하늘의 것을 소망하며, 오직 교회를 세우는 일에 저희의 모든 것을 드리게 하여 주시옵소서.

간구와 중보

이 시간, 이 땅의 모든 교회가 주님의 덕을 세우는 일에 힘쓰기를 기도합니다. 말씀을 들고 단 위에 서신 목사님께 말씀의 능력을 더하여 주사, 선포되는 말씀을 통해 저희가 어떻게 서로를 사랑하며 교회를 세워나가야 할지를 깨닫게 하시고, 그 말씀으로 저희 삶에 풍성한 열매를 맺게 하여 주시옵소서.

이 땅에 세워주신 수많은 교회가 다시 성령 하나님의 새 힘을 받아 부흥케 하여 주시옵소서. 세상의 방법이 아닌, 성령께서 주시는 신령한 은사로 서로를 세워주게 하시고, 다시 한번 말씀으로 돌아가 영적 각성과 회개를 경험하며 이 땅에 하나님의 덕을 세우는 능력 있는 공동체들로 거듭나게 하여 주시옵소서. 특별히 이제 막 세워진 개척교회들을 축복하시고, 그들이 든든히 서 가는 기적의 역사가 곳곳에서 일어나게 하여 주소서.

결단과 소망

이제 저희가 더 이상 저희 자신을 위한 신앙생활에 머무르지 않고, 주님의 몸 된 교회의 덕을 세우기 위해 신령한 것을 사모하며 살기로 결단합니다. 저희의 말 한마디, 작은 섬김 하나하나가 다른 지체를 세워주는 벽돌이 되게 하시고, 저희의 삶이 무너진 곳을 보수하고 교회를 아름답게 세워가는 건축자의 삶이 되게 하여 주시옵소서. 예수 그리스도의 이름으로 기도드렸습니다. 아멘.

24. 주의 몸 된 교회, 주님의 충만함으로 채우소서

"교회는 그의 몸이니 만물 안에서 만물을 충만하게 하시는 이의 충만함이니라" (에베소서 1:23)

감사와 찬양

만물 안에서 만물을 충만하게 하시는 하나님 아버지. 죄와 허물로 텅 비어 있던 저희를 부르사, 그리스도의 몸 된 교회의 한 지체가 되게 하시고, 감히 '주님의 충만함'이라 불리는 영광스러운 신분을 주시니 그 크신 은혜를 찬양합니다. 이 시간, 저희가 드리는 예배를 통해 저희의 부족함은 가려지고 오직 교회의 머리 되신 주님의 충만하신 영광만이 드러나는 축복의 예배가 되게 하여 주시옵소서.

회개와 고백

사랑과 용서의 하나님, 저희는 주님의 충만함이 되기는커녕, 세상의 헛된 것들로 저희를 채우려 했음을 고백합니다. 주님께서 주신 것에 만족하고 자족하지 못하며, 시기와 질투에 눈이 멀어 저희 안에 있어야 할 주님의 충만한 사랑을 몰아냈습니다. 저희의 희생은 부족했고, 이웃을 향한 사랑은 메말랐으며, 하나님 나라를 위한 충성은 연약했습니다. 세상의 문화를 본받으며 살아온 저희의 죄악 된 모습을 용서하여 주시고, 다시 한번 주님의 충만하신 은혜로 저희의 심령을 가득 채워주시옵소서.

간구와 중보

이 시간, 저희 교회가 주님의 충만함을 드러내는 통로가 되기를 기도합니다. 말씀을 듣고 단 위에 서신 목사님께 성령의 충만함을 더하여 주사, 가뭄에 단비 같은 생명의 말씀을 선포하게 하여 주시옵소서. 그 말씀을 통해 저희의 메마른 심령이 젖게 하시고, 지역 사회를 변화시키는 사랑과 능력의 일꾼으로 세워지게 하여 주옵소서.

이 땅의 젊은 청년들을 주님의 충만하심으로 채워 주사, 이 시대에 아름답게 사명 감당하는 믿음의 용사들로 세워주시옵소서. 또한, 어둠 속에 있는 북녘땅을 긍휼히 여기사, 교회의 기도를 통해 그 땅에도 주님의 충만한 복음의 빛이 비추어지는 날이 속히 오게 하여 주옵소서. 교회에 세워진 모든 부서들이 분쟁 없이 든든히 세워지게 하시고, 머리 되신 그리스도께 충성하는 거룩한 지체들이 되게 하옵소서.

결단과 소망

이제 저희가 주님의 몸 된 교회로서, 세상 속에서 주님의 충만함을 드러내는 삶을 살기로 결단합니다. 저희의 사랑을 통해 주님의 사랑이, 저희의 섬김을 통해 주님의 섬김이, 저희의 희생을 통해 주님의 희생이 세상에 나타나게 하여 주시옵소서. 그리하여 이 지역 사회가 저희 교회를 통해 만물을 충만하게 하시는 주님을 보고, 그 영광 앞에 나아와 경배하게 하여 주옵소서. 주님 앞에 서는 날, "잘하였도다 착하고 충성된 종아" 칭찬받는 저희 모두가 되게 하여 주옵소서. 예수 그리스도의 이름으로 기도드렸습니다. 아멘.

25. 교회와 그리스도 안에서, 영광이 영원무궁하기를

"교회 안에서와 그리스도 예수 안에서 영광이 대대로 영원무궁하기를 원하노라 아멘"
(에베소서 3:21)

감사와 찬양

영원무궁하신 하나님 아버지. 저희의 어떠함이 아니라, 오직 주님의 그 크신 능력과 지혜와 사랑에 합당한 영광을 돌리기 위해 이 시간 예배의 자리로 나아왔습니다. 세상의 유혹과 죄악 가운데서도 저희를 붙드사, 주님의 몸 된 교회의 한 지체로 삼아주시고, 주님의 영광을 찬양하는 특권을 주시니 감사드립니다. 저희의 모든 예배와 삶을 통해, 교회 안에서와 그리스도 예수 안에서 영광이 대대로 영원무궁하기를 간절히 원합니다.

회개와 고백

영광의 주님, 저희는 주님의 영광을 위해 살지 못했음을 고백합니다. 저희는 교회 안에서 주님께 영광을 돌리기보다, 세상의 유혹과 시험에 무기력하게 넘어져 주님의 이름을 부끄럽게 했습니다. 저희의 이기적인 마음과 게으름으로 인해, 교회가 마땅히 드러내야 할 하나님의 영광을 가렸습니다. 깨어 기도하지 못하고, 사랑으로 하나 되지 못하여 주님의 몸 된 교회를 약하게 했던 저희의 연약함을 긍휼히 여기사 용서하여 주시옵소서.

간구와 중보

이 시간, 저희 교회가 하나님의 영광을 드러내는 통로가 되기를 기도합니다. 저희 교회가 먼저 사랑으로 하나 되어, 서로를 섬기는 아름다운 공동체가 되게 하옵소서. 그리하여 교회의 하나 된 모습을 통해 세상이 하나님의 영광을 보게 하여 주시옵소서. 저희 모두가 이 나라와 이 민족을 위해 눈물로 기도하는 용사들이 되게 하사, 이 땅에 하나님의 영광이 선포되게 하여 주시옵소서.

단 위에 세우신 목사님께 은혜와 사랑을 부어주시옵소서. 선포되는 말씀을 통해 저희가 하나님의 영광을 바라보게 하시고, 저희의 삶이 어떻게 주님께 영광 돌릴 수 있는지 깨닫는 시간이 되게 하여 주옵소서. 그 말씀을 붙들고 살아갈 때, 저희의 삶이 새로워지는 놀라운 축복과 은혜를 누리게 하옵소서.

결단과 소망

이제 저희의 남은 모든 삶이, 그리고 저희 교회가 존재하는 모든 이유가, 오직 하나님께 영광을 돌리는 것이 되게 하여 주시옵소서. 올 한 해 기도로 계획한 모든 일들이 순조롭게 진행되게 하시고, 그 풍성한 열매를 통해 주님의 이름만이 대대로 영원무궁토록 높임을 받으시옵소서. 예수 그리스도의 이름으로 기도드렸습니다. 아멘.